「会社の数字」がみるみるわかる!

決算書の トリセツ

公認会計士

前田忠志

実務教育出版

はじめに

「決算書を読めるようになりたい」とお感じのあなた。

この本は、そんなあなたにこたえる本です。


決算書は、会社経営の結果をあらわしたものです。

決算書を読める力がつくと、取引先の状況がわかるなど仕事で役立ちますし、株式投資でも、就職・転職でもいかせます。

会社と関わりをもつとき役立つのが決算書なのです。


また、仕事をしていくうえでのベースでもあります。

あなたの仕事の結果も、最終的には決算書に反映されます。

決算書について知らずに仕事をするのは、どういう演技をすると高い点数になるのか知らない体操選手のようなもの。やみくもに演技をしても高い点数にはなりません。

上司が明確に役割を指示してくれるうちは、成果を出すことができるかもしれません。

でも、できるビジネスパーソンであるほど、また、管理職、経営者と立場があがるほど、決算書を読めることは仕事で結果を出すための前提になっていきます。

決算書を読めると、世の中のできごとを理解するのにも役立ちます。たとえば、

「少子化なのに、おむつメーカーが成長しているのはなぜ?」
「優良企業と思っていたトヨタが借金漬けなのはなぜ?」

といったことが決算書でわかります。経済ニュースや企業ニュースも理解が深まるでしょう。

そして、決算書を読めるようになるのは、実は、結構簡単です。

英語、IT、会計がビジネスパーソンの3大スキルなんて言われていますけれど、コスパが高いのは、会計です。

私はこれまで、決算書の知識ゼロだったスタッフをたくさん指導してきましたが、みんな、読めるようになりました。

簡単なわりに、役に立つ。早く決算書を読めるようになるのにこしたことはありません。

ただ、学び方にはコツがあります。

もし、あなたが、会計や経理の専門家を目指すのではなく、それでも、決算書ぐらいは読め

るようになっておきたい、と考えるなら、専門用語の洪水に流されないことです。

決算書の本はすでに多く出版されていますが、その多くは、経常利益とは何か、とか、繰延税金資産は何かといったように、決算書に出てくる専門用語について次から次へと説明してあります。

それもそのはずです。決算書の本の多くは、公認会計士が執筆しています。公認会計士にとって、経常利益は何か、繰延税金資産は何か、というのは、とても大切です。公認会計士は、会社の決算書をチェックするのが仕事だからです。

決算書ができあがって、チェックするまでが仕事。それが終わったら、「はい、どうぞ。ご自由にご利用下さい」というわけです。

専門家を目指すなら専門用語を数多く知ることも大切でしょう。でも、専門家になるわけではない人にとっては、専門用語を知ること自体は大切ではありません。

「ご自由にご利用下さい」のところのほうが大切です。

決算書では、儲かっているか、つぶれないかといったことがわかります。こういったことを読み取る方法を最初から学んでいく。それが、専門家を目指すわけではない人に最適な決算書の学び方です。


白状しますと、私は、公認会計士試験に合格しても、決算書を読めませんでした。

いや、私だけではないはずです。

ばらしますと、公認会計士試験で問われるのは、主に、決算書を作ってチェックする力であって、これは決算書を読む力とは違うのです。公認会計士試験に受かったからといって、決算書は読めるようにはなりません。

私が決算書の読み方を身に付けたのは、銀行に入ってからです。

私は公認会計士ですが、決算書をチェックする仕事ではなく、銀行員、コンサルタント、M&Aアドバイザーというように、決算書を読むほうの仕事を長く続けてきました。

この本では、私が30年間、決算書を読み続けてきたなかで培ってきたエッセンスを、わかりやすく紹介します。


この本は『決算書のトリセツ』です。「トリセツ」というからには、次のような特長があります。

1. 実践重視。トリセツは、読み終えたら実際に使えるようになるためのもの。この本でも、細かい専門用語の知識よりも、実際に決算書を読む方法を重視しました。
2. 基本重視。応用レベルの知識をつまみ食いするのではなく、決算書を学ぶ入り口として重要な基本にしぼって丁寧に説明しました。

3．実例重視。決算書は経営の結果です。どんな経営がどんな決算書になるのか知るためには実際の会社の決算書を見るのが近道です。実際の企業をたくさんとりあげました。

この本は、決算書についてはじめて学びたいという方を主な読者として想定して執筆しました。他の決算書の本を一読してさらに理解を深めたいと感じた方や、挫折してしまった方にもおすすめいたします。

一方、決算書の作り方の本ではありません。作り方に興味がある方は、簿記の学習をおすすめします。

管理会計の本でもありません。管理会計は、社内の経営管理目的のための会計です。この本は、社外の立場で、決算書の読み方を説明した本です。

そして、お願いがあります。

まだ実際の決算書を見たことがない方は、この本を読み終えるまで、実際の決算書をいきなり読もうとはしないでください。

いきなり読むのは無謀です。苦手意識をもってしまうかもしれません。

まずは、「トリセツ」で使い方を知ってください。

そうすれば、決算書を読めるようになり、「会社の数字」がみるみるわかるようになるでしょう。

それでは、さっそくはじめましょう。

（注）

・「トリセツ」という本の性格上、正確さよりもわかりやすさを重視しました。たとえば、会社名は正式名称ではなく通称を記載しました。会計では、原則もあれば例外もあることも多いのですが原則のみの説明にとどめたり、財務指標の計算方法は何種類かあってもそのうちの1つの説明にとどめたりしています。

・会社の実例を多く紹介していますが、会社の説明を目的としておらず、投資の推奨等をするものでもありません。決算書の理解のためのサンプルとして紹介しております。

・執筆にあたり、各社の有価証券報告書等を参考にさせていただきました。

決算書のトリセツ

目次

第2章 なぜ頑張っても給料は増えないのか？

——会社の稼ぐ力を読む 損益計算書（PL）②

第3章

持ち家と賃貸、どちらが得か？

――会社の倒産リスクを読む　貸借対照表（BS）

第4章

なぜ牛丼店のいすには背もたれがないのか？

――会社の効率を読む　BS×PL

第5章 本が売れない時代に、なぜ多くの新刊が出るのか?

――お金の流れを読む キャッシュ・フロー計算書(CF)

装幀　重原隆
本文デザイン　吉村朋子
イラスト・図版　神林美生
DTP・図版　株式会社キャップス

第1章

大きい取引ができるのは、社長か？　課長か？

――会社の大きさを読む　損益計算書（PL）①

会社の大きさ

1

「決算書」ってどういうもの？

決算書は、会社経営の結果を数字であらわしたものです。

決算書を見ると、いろいろなことがわかりますが、そのなかでも特に重要なのは、その会社が儲かっているか、また、つぶれなそうかの２つです。

「儲かっているか」を**収益性**、「つぶれなそうか」を**安全性**といいます。

会社をとりまくさまざまな関係者は、収益性と安全性がわかることで、会社との付き合い方を決めることができるようになります。

取引先は、取引を続けるかどうか。
投資家は、その会社の株を買うかどうか。
銀行は、お金を貸すかどうか。
就職活動をしている人は、働くかどうか。
従業員は、働き続けるかどうか。

決算書で収益性・安全性がわかる

会社の関係者にとっては、その会社がきちんと支払ってくれるかが重要です。取引先なら代金、投資家なら配当、銀行なら融資の返済、従業員なら給料です。

決算書で収益性と安全性がわかることで、きちんと支払ってくれるかの判断に役立てることができるのです。

決算書は共通のルールによってつくられるので、過去の数字とくらべたり、他の会社とくらべたりすることもできます。

決算書が読めるようになるということは、その共通のルールを知って、収益性や安全性を判断できるようになるということです。

3月決算の場合

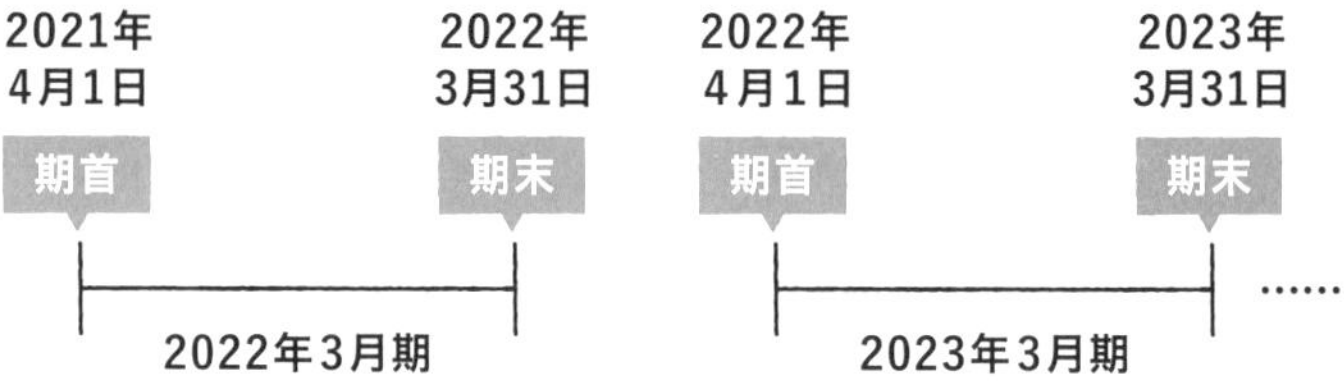

決算とは

会社は通常1年ごとに決算書を作ります。これを**決算**といいます。

3カ月ごとに作る決算書もありますが、重要なのは1年ごとの決算書です。

家電量販店などでは「決算セール」をやることがありますが、決算の前に決算書の数字をよくしようとしてセールをしているんですね。

決算書の基準の日を**決算日**といいます。たとえば、3月末が決算日なら、毎年4月1日から3月末までの1年間の数字に基づいて決算書を作ります。「2022年3月期」というと、2021年4月1日から2022年3月末までの決算ということです。

日本の会社は3月決算が多いので、「決算セール」も3月が多いです。

決算書はどこで見られる？

会社には上場企業と未上場企業があります。

上場企業は決算書を公表しています。上場企業は、証券会社を通して、誰でも、その会社の株を買うことができるような会社です。トヨタとかＮＴＴのように、誰もがよく知っているような大企業の多くは上場企業です。

誰でも株を買うことができるので、投資家がきちんと判断できるように、情報開示のルールが決まっているんです。

上場企業が公開している資料でもっとも詳しいのが**有価証券報告書**で、決算書も載っています。

ほとんどの上場企業は、自社のホームページに有価証券報告書を掲載しています。有価証券報告書は略して「有報《ゆうほう》」ということも多く、私が有報を見たいときは、「有報　ＮＴＴ」といったキーワードで検索します。

ただ、日本の上場企業は４０００社ほどしかありません。日本には、個人経営を含めて３８６万社の企業がありますが、大多数の会社は上場していない未上場企業なんです。オーナーがすべての株をもっているオーナー企業は、典型的な未上場企業です。

未上場企業のほとんどは決算書を公表しておらず、簡単に見ることはできません。

決算書を見たいときは、会社と信頼関係があれば、その会社にお願いして見せてもらいます。

会社に見せてもらうことができない場合、有料になりますが、帝国データバンクや東京商工リサーチといった信用調査会社を通して、見ることができる場合もあります。

損益計算書は〝会社の成績表〟

さっそく、決算書を見てみましょう。

ニトリの決算書、正確にいうと、ニトリホールディングスの連結の決算書を見てみます。グループ会社を束ねている会社を持株会社《もちかぶがいしゃ》といいますが、ニトリホールディングスはニトリの持株会社です。

ニトリホールディングスは上場しているので、有価証券報告書を作っています。

決算書には、1社ごとにつくられる個別の決算書とグループ全体の決算書である連結の決算書があります。私たちがよく見るのは連結の決算書です。この本でも、特段のことわりがない場合は、連結の決算書について説明していきます。ニトリの決算書といったら、ニトリホールディングスの連結の決算書をさすことにします。

決算書にはいくつかの種類がありますが、そのなかから、まずは損益計算書を見てみましょう。**損益計算書は、会社の経営成績をあらわしている決算書です。**会社がどれだけ儲けたかがわかります。

ニトリホールディングス　連結損益計算書

(2020年2月21日から2021年2月20日まで)

(単位：百万円)

売上高		**716,900**
売上原価		305,109
売上総利益		**411,791**
販売費及び一般管理費		274,104
営業利益		**137,687**
営業外収益		
受取利息	501	
受取配当金	38	
持分法による投資利益	566	
補助金収入	212	
自動販売機収入	253	
有価物売却益	187	
その他	603	2,363
営業外費用		
支払利息	294	
支払手数料	1,000	
為替差損	6	
その他	323	1,624
経常利益		**138,426**
特別利益		
固定資産売却益	5	
新株予約権戻入益	12	
賃貸借契約解約益	397	
解約損失引当金戻入益	352	767
特別損失		
固定資産除売却損	63	
減損損失	8,351	
持分変動損失	81	8,497
税金等調整前当期純利益		**130,696**
法人税、住民税及び事業税	42,431	
法人税等調整額	△3,848	38,582
当期純利益		92,114
親会社株主に帰属する当期純利益		**92,114**

(注) 同社有価証券報告書、定時株主総会収集通知を参照して著者作成。

損益計算書（PL）

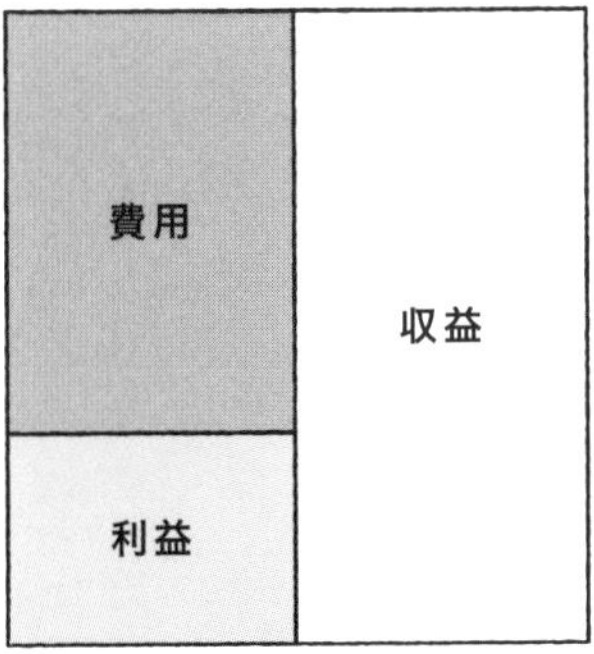

PLは、収益－費用で利益を計算している

損益計算書は、英語ではProfit and Loss Statementですので、略して、PLということが多いです。この本でも、ここからはPLと書くことにします。

決算書をはじめて見る人には、難しそうな漢字と数字の羅列にしか見えないでしょうけれど、大丈夫です。決算書を読めるようになると、このなかでどの数字を見ればいいか、そして、どういう意味なのか、わかるようになります。

PLで計算しているのは利益です。利益は収益から費用を差し引いて計算します。

利益　＝　収益　－　費用

いくら得たかが**収益**で、いくら使ったかが**費用**。収益から費用を引いて残ったのが**利益**。シンプルですね。

この式はとても重要ですので覚えてしまってください。このあとも何度も出てきます。

「収益」と「利益」って、日常会話では、あまり区別して使っていないかもしれないけれど、会計の世界では、使い分けています。

会計が一般的にわかりにくいといわれるのは、こういった専門用語がたくさん使われるというのも理由の一つです。

専門用語は覚えるしかありません。といっても基本的な専門用語の数は、そんなに多くありません。英単語を覚えるように記憶力でがんばるというのではなく、一つ一つを丁寧に理解していくのがいいでしょう。

収益や費用にはいろいろな種類があります。収益や費用を分類して、一定の順番でならべてあるのがＰＬです。

会社の大きさ

3

売上高で会社の大きさを読み解く

ニトリのＰＬ（↓22ページ）の一番上を見てみましょう。

ＰＬの一番上は、どの会社も、メインの収益が載っています。メインの収益というと、ほとんどの会社は「売上高」です。会社によっては「売上高」ではなく、「営業収益」とか「売上収益」などと記載されていている場合もあります。

ニトリのＰＬの一番上は「売上高」ですね。ニトリは主に家具を売っていますが、ニトリのグループ全体が1年で売った金額がこの「売上高」です。

いくらかというと７１６，９００ですね。

「71万……」と読んでしまいそうですが、単位は百万円です。

「７１６，９００百万円」を71万……百万円とは読まないでください。それでは、いくらかわかりませんね。

日本語の万・億・兆という単位に読み替えましょう。「７１６9億円」になります。

ざっと７０００億円ですね。

「億」の位はどこ？

単位が「円」のとき　○○○, ◎○○, ○○○, ○○○ 円
（◎↑億）

単位が「百万円」のとき　○○○, ◎○○ 百万円
（◎↑億）

単位が「千円」のとき　○○○, ◎○○, ○○○ 千円
（◎↑億）

＊いずれもコンマの手前が億であることに注目

問題　**何億円ですか？**（答えは28ページ下）

❶ **400,000,000円**　❷ **1,200百万円**

数字は3桁ごとに「,（コンマ）」で区切ります。決算書は千円単位や百万円単位のこともよくあります。

これは欧米の表記がもとになっています。英語では、千はthousand、百万はmillionと数字の3桁の区切りごとに読み方が対応しています。

日本人にとっては千・百万より、万・億・兆のほうが頭に入ってきやすいので、**千円・百万円単位の数字も、万円・億円・兆円に読み替えるようにしましょう。**

「7」「1」「6」「9」「0」「0」と6つの数字がありますが、大切なのは最初の数字です。上1桁か、せいぜい、上2桁。

それ以下の細かい数字は、決算書を読むうえではあまり重要ではありません。

ただ、桁は大切です。700億か、7000億か、7兆かというのは大きく違います。

では、売上高7000億円というのは、どういう数字なのでしょうか。

私たちは、たとえばランチなら、300円は安い、2000円は高い、とわかります。

でも普通に日常生活を送っていると、7000億円という数字に出会うことはありません。

7000億円がどういう数字なのか、あまり実感がない人も多いはずです。

まずは、こういう大きな数字の感覚をつかむところからはじめましょう。


金額は、桁が1つ変わると大きな違いです。

300円と2000円は大きな違いですね。1万円と10万円も全然違います。

でも、ここでは、桁が2つずつ違う金額のイメージを自分のものにしていきましょう。2桁違うということは100倍ということです。

1万円と100万円なら、違いがイメージできますね。

100万円の100倍で1億円ならどうでしょうか。億というと、1億円以上のマンションを億ションといったり、プロ野球選手の年俸が億円単位になるのを思い浮かべることができます。

個人で1億円は大金ですが、会社で売上高が1億円というと小さな会社です。社員は数人で、社長が社員全員に対して陣頭指揮をとっているイメージです。ちなみに、コンビニは1店舗あたりの売上高は2億円ぐらいです。

1億円の100倍、100億円になるとどうでしょうか。

100億円の売上高があると、会社には部や課があり、組織的に運営される規模になります。消費者になじみのある会社でいうとマンガ専門古書店のまんだらけの売上高が90億円、料理レシピサイトのクックパッドの売上高が111億円です。

日本には386万社の企業がありますが、100億円以上の売上高があるのは1万6000社しかありません。0・5%以下です。

すべての会社が売上高を大きくすることを目指しているわけではありませんが、個人で創業して1億円の壁、10億円の壁、100億円の壁を乗り越えて100億円以上にするのは大変なことです。

では、100億円の100倍、1兆円はどうでしょう？

日本ハム、資生堂、セコムといった会社は売上高が1兆円規模です。誰もがよく知っている大企業は、売上高1兆円規模になってきます。

1億円、100億円、1兆円のイメージが、なんとなくでもいいので、つかめたでしょうか。

一般的に、会社の規模が大きくなるほど、会社の安全性は高くなります。大きい会社のほうがつぶれにくいんです。

26ページの答え　① 4億円　② 12億円

売上高が1億円前後の会社は、社長がすべてのような会社がほとんどです。社長に何かあると事業を続けられなくなってしまう可能性があります。また、特定の取引先への依存度が高いなど、経営が不安定です。

売上高が100億円前後の会社は、ある程度の事業基盤があります。ただ、競争が厳しくなるなど経営環境が変わると苦戦してしまうこともよくあります。

売上高が兆円単位になると、事業基盤が確立しています。知名度も高く、仕入、採用、広告など、さまざまな面で有利な展開をすることもできて、さらに有利な経営がやりやすくなります。

ニトリの売上高は7000億円です。ニトリは、創業者の似鳥《にとり》昭雄氏が、一代でこの規模まで成長させた会社です。そう考えると、とても大きな売上高だということがわかりますね。

売上高7000億円という数字を見て、大きい売上高だなと感じることができれば、それが決算書を読める第一歩をクリアです。

会社の大きさ

4

あなたの仕事と売上高の関係

会社には、営業部門、製造部門、管理部門など、多くの部署があります。

あなたが会社で働いているなら、どのような部門であっても、しっかりと仕事をすることで会社に貢献しています。

会社は、仕入れて作って売るという全体の流れのなかで儲けています。

ただ、ＰＬでは「利益＝収益－費用」という計算をします。収益のほとんどは売上高ですので、売ることで利益がうまれます。

仕入れたり、作ったりするのも大切な活動ですが、会計上は、仕入れたり、作ったりしている時点では、収益はあがらず利益になりません。

仕入れたり、作ったりした時点では、売れるかどうかわかりませんし、いくらで売れるかもわかりません。そこで、ある意味では割り切って、**売った時に収益を計上することにしよう、ということで会計のルールが決まったのです。**

会社が収益を計上するのは売ったとき

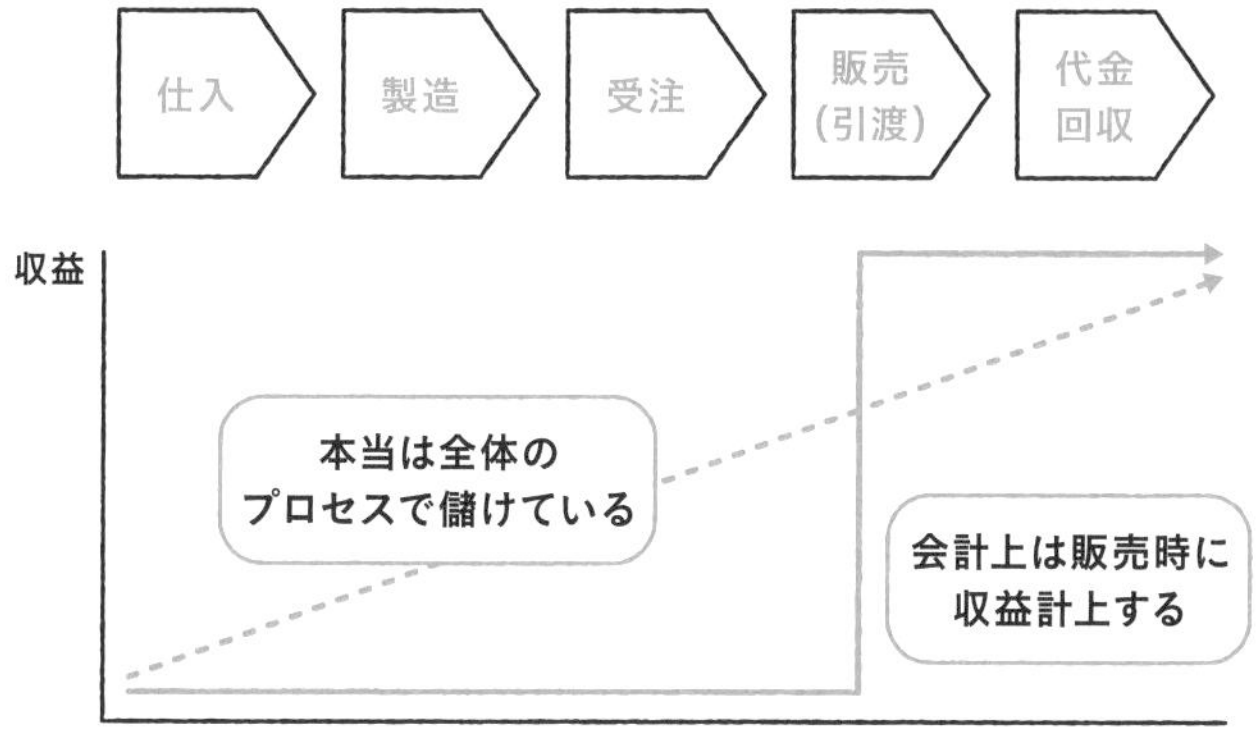

売るということは、商品を引き渡すということです。サービス業なら、サービスを提供するということです。

受注とは違います。受注しても、売上にはなりません。

私たちは、ネットでニトリの商品を注文することができます。でも、ニトリは、ネットで注文が入っても、その時点では売上にはなりません。代金が銀行振込で前払い入金になっても、売上にはなりません。売上になるのは、商品を引き渡したときなのです。

商品を引き渡せば、代金を回収する前でも売上になります。

私たちは、ニトリの店舗で、クレジットカードで買うことができます。その場合、ニトリは、商品を引き渡した時点では、現金を受け取るわけではありませんが、売上を計上することになります。

一般に、企業間の取引では、その都度代金を受け取らず後日にまとめて受け取ることが多いです。たとえば、1カ月分をまとめて翌月末に受け取ったりします。こういう場合、クレジットカードで売ったときと同じように、売上を計上するのは、入金日ではなく商品を引き渡したときになります。

売上高から従業員数を推測する方法

売上高がわかれば、働いている従業員の数が推測できます。

従業員一人当たりの売上高は5000万円が基準です。売上高がX億円だったら、従業員の数は、X億円÷0・5億円で、2X人。

売上高10億円だったら、10の2倍で20人。売上高300億円だったら、300の2倍で600人。

売上高10億円の会社といってもぴんとこないかもしれないけど、従業員20人の会社というとイメージしやすくなるかもしれません。

ニトリの売上高は7169億円。実際の従業員数は18400人。ほぼ2Xですね。

ただ、これは概算値です。実際は、一人当たり売上高は業種によって違います。

たとえば、卸売業の一人当たり売上は1億円を超えることもあります。卸売業は、物を買ってきて売るという事業ですから、一人当たり売上高が大きくなるのはイメージしやすいでしょう。

介護事業の一人当たり売上高は1000万円以下のことが多いです。物を売り買いせずに、人手によるサービスを提供している会社は、一人当たり売上高は小さくなります。

決算書の数字は、業種によって違うことがよくあります。

でも、いきなり業種ごとの数字をおさえようとすると大変です。業種に関係なく、目安をおさえておくことからはじめるのがおすすめです。慣れてくると、自然と業種ごとの数字もイメージできるようになります。最初はシンプルにいきましょう。

従業員にパートなどの非正規社員も含めるかといった数字の取り方によっても違ってきます。ニトリは、さきほどの従業員数のほかに、パートなどの臨時従業員が外数で18269人います。これをあわせると約3・7万人になるので、2Xよりはだいぶ多くなります。

一人当たり売上高は、ざっと5000万円、つまり、2Xだっておさえておいて、多いとその倍、あるいは数倍になるし、少ないとその半分以下のこともある、と理解するといいでしょう。

会社の大きさ

5

売上と利益、どっちが大事？

次に、利益について見てみます。

PLは、上から「売上高、売上原価、売上総利益、販売費及び一般管理費……」という順で並んでいますが、このように一番上から一行ずつ読むのではありません。途中は飛ばして、一番下の「親会社株主に帰属する当期純利益」を見てみましょう。

自分の給与明細を見るときに、一番上から、基本給、残業手当、何とか手当……と、ひとつひとつ項目を見ることはありませんよね。一番下の手取り額、それが結論というか、最終的にどうなったかという数字ですので、一番下を見ることが多いでしょう。

PLも同じです。売上高からはじまって、いろいろ引いたり足したりします。それで、最終的にどうなったかというのが一番下の「**親会社株主に帰属する当期純利益**」ですので、そこを見ます。実務では、「純利益」とか「最終利益」ということもあります。

このように、**決算書を見るコツは、重要なところから見るということです**。これは、慣れるまでは細かいことは気にせずに重要なところだけ見ましょう、というのではありません。決算書を読むプロも、重要なところから見ていきます。重要なところだけを拾い読みできるようになるのがプロの読み方です。

なお、連結PLの一番下は「親会社株主に帰属する当期純利益」ですが、個別PLの一番下は単に「当期純利益」です。

ニトリの純利益は92，114です。単位は百万円です。921億1400万円ですね。

売上高は7000億円。そこから、材料費とか、給料とか、家賃といったいろいろな費用がかかって、残ったのが900億円ということです。

会社が利益をあげることはとても大切です。

会社には出資者である株主がいます。会社は、株主が出資した資金を使って利益をあげるものです。

株主は、会社の実質的な所有者であり、会社が利益をあげることを期待しているのです。

売上と利益の関係では、売上が手段で利益が目的です。株主が期待しているのは利益であり、売上より利益が大切です。

売上や利益は、過去の数字とくらべることで、会社の成長性がわかります。

増収増益

前期とくらべて、売上が増えることを増収といい、利益が増えることを増益といいます。売上、利益がともに増えるのが「**増収増益**」です。売上が増えることで、利益が増えており、会社として望ましい状態です。

増収ということはお客さんの支持が増えているということであり、増益ということは株主にとってもうれしいことです。

成長市場で競争力をもちながら事業展開をする会社は、増収増益を続けることがよくあります。

ニトリは、2021年2月期で34期連続の増収増益でした。34期連続は、上場企業で最長といわれています。

増収減益

私たちは、給料を受け取ると、そのなかから生活費を使って、残った金額を貯金にまわします。給料が増えると、貯金にまわせる金額も増えるのが普通です。でも、給料が増えても、増えた給料以上に生活費を増やしてしまうと、貯金にまわせる金額は減ってしまいます。

会社も同じで、売上が増えても、それ以上に費用が増えてしまうと、利益が減ってしまいます。これは「**増収減益**」です。

ニトリの驚異的な成長性

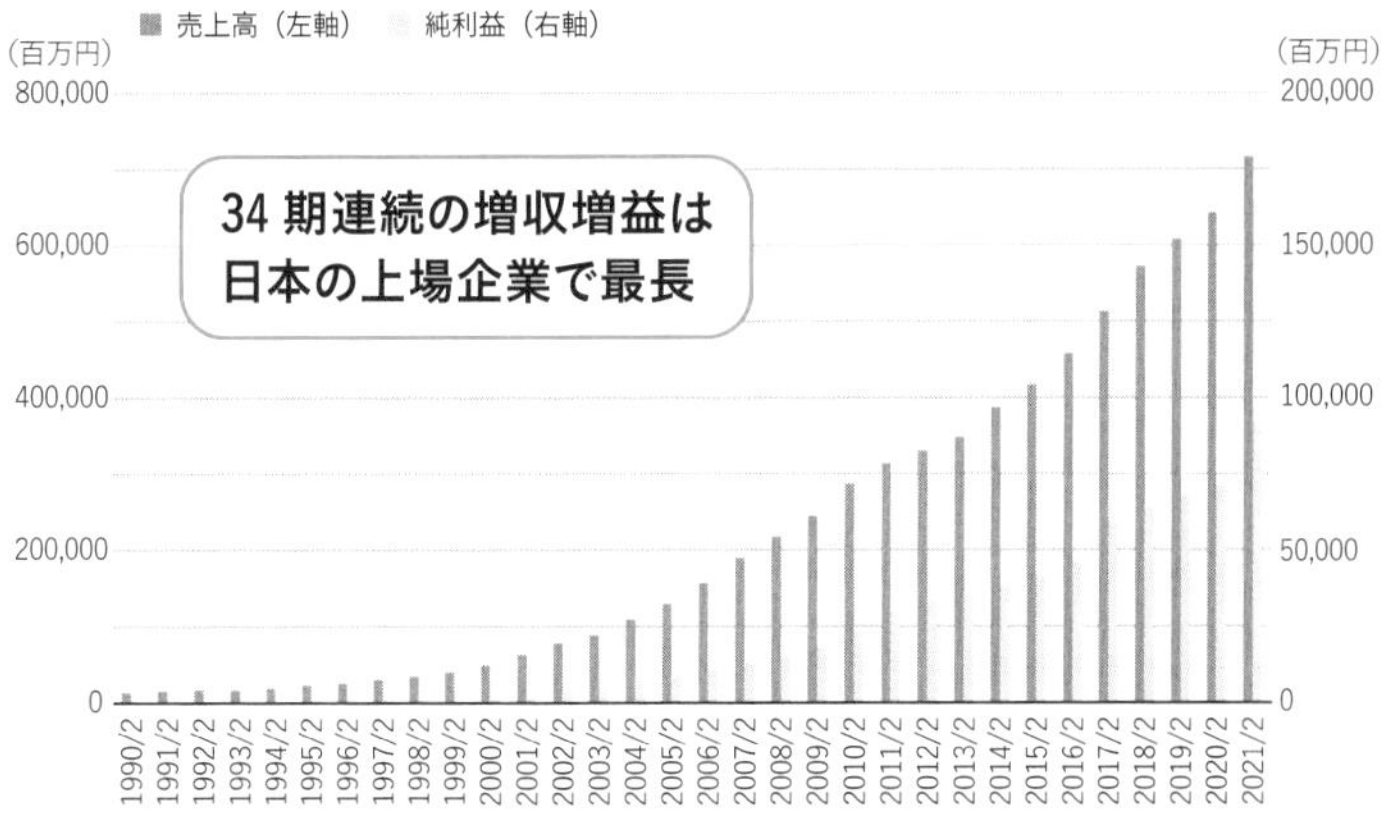

社員を増やしたり、仕入れの値段があがるなど、費用が増える原因はさまざまです。

増収増益だった会社も、競合が増えて値下げせざるを得なくなったりすると、増収減益になってしまうことがあります。

株主にとっては、売上より利益が大切ですから、通常は、望ましい状態ではありません。

会社は、売上を経営目標にすることもよくあります。売上を増やすことで利益も増えれば健全ですが、もし、会社の競争力が落ちているなかで、利益を軽視して無理に売上を伸ばして増収減益になったとしたら、それは本末転倒です。

ただ、将来の利益を増やすために、増収減益となることもあります。たとえば、新商品を出して広告宣伝費を使ったり、営業所を増やして人件費や家賃などの費用を増やしたりした場合です。長期的に見て利益が増えるのは望ましいことです。

減収減益

売上が減ると、通常は利益も減ってしまいます。「**減収減益**」です。

売上が減っているということは、お客さんからの支持が減っているということであり、利益が減っているということは、株主としてもよいことではありません。

成長市場で増収を続けていた会社も、市場が成熟すると減収になってしまうことがあります。また、競合にお客さんが流れてしまったり、製造や販売などの力が落ちたりして減収になることもあります。

会社としてはよくない状態ですので、売上や利益を増やすことを考える必要がある状態です。

減収増益

売上が減ると、通常は利益も減りますが、売上が減った以上に費用を減らせば、利益は増えます。これは「**減収増益**」です。

たとえば、いくつかの事業や店舗をもっている会社が、そのなかで、赤字の事業や店舗をやめると、減収増益になります。

売上は、利益をあげるための手段ですから、減っても構わないわけではありません。残った事業や、新たにはじめる事業で、売上を増やせるかどうかが重要です。

また、必要な費用を削って減収増益になる場合もあります。費用のなかには、研究開発費など、必ずしもすぐに利益に結び付かなくても、将来の利益につながるものもあります。こういった費用を削って増益になることもありますが、将来の利益を犠牲にした増益は、望ましいとはいえません。

ユニ・チャーム ――少子化なのに成長を続けるおむつメーカー

ユニ・チャームは、1962年に高原慶一朗氏が設立した会社で、紙おむつで国内トップの会社です。

2001年には、創業者の慶一朗氏から長男の豪久《たかひさ》氏に社長が代わりました。社長交代が発表されたとき、当時39歳だった豪久氏の経営手腕が不安視され、株価は大幅に下落。社長就任が決まる株主総会の当日の朝、豪久氏は、慶一朗氏から「お前のせいで株価が下がるんじゃ」と怒鳴りつけられたといいます。

闘志がわいた豪久氏は、父親のカリスマ経営から、現場の知恵をいかす経営へと変革を進め、会社を躍進させます。社長交代時の売上高は2000億円ほどでしたが、その20年後、2020年12月期には7000億円を超える企業となり、株価も大きく上昇しました。

少子化でも成長を続けるおむつメーカー

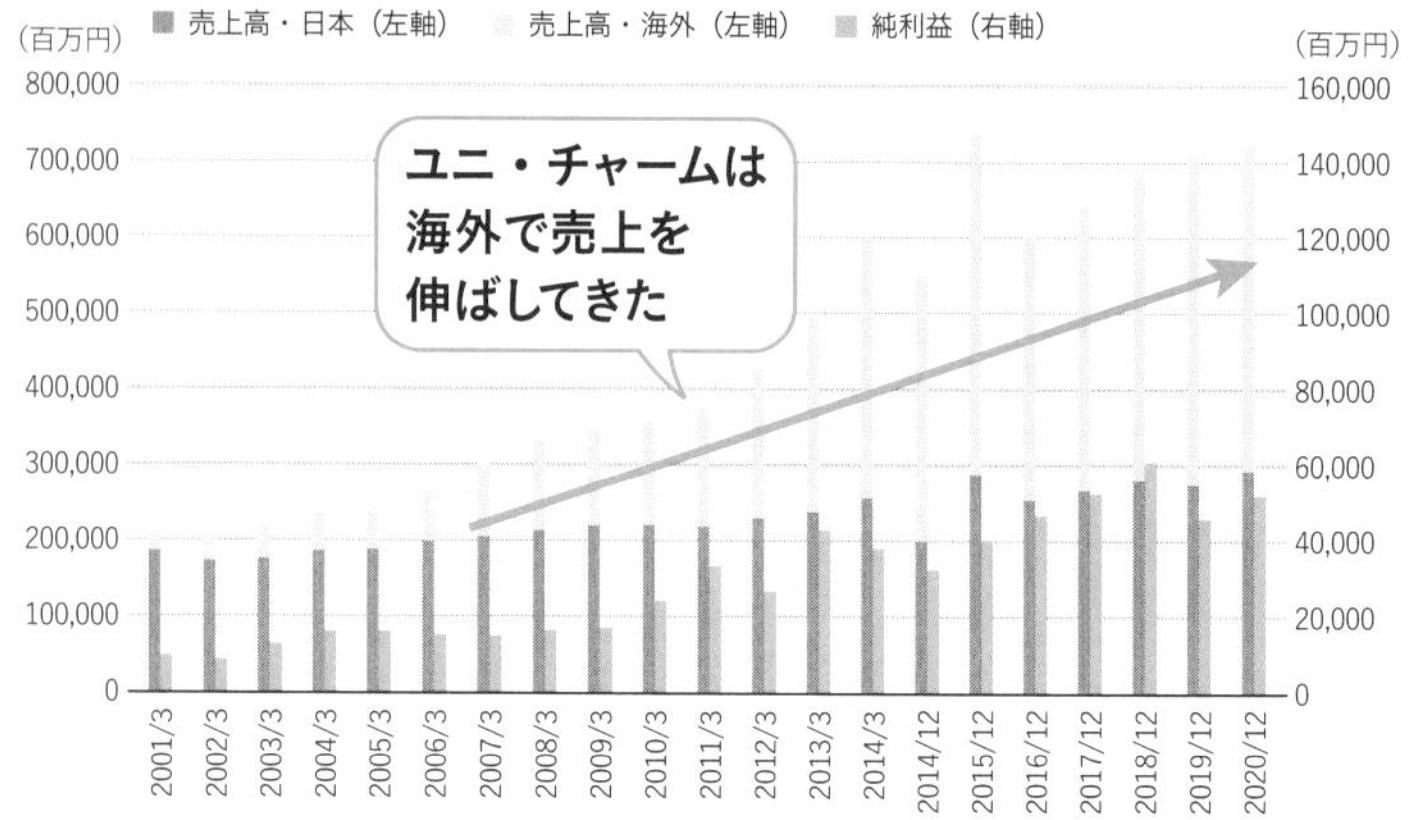

少子化が進んでいるのに、どうして紙おむつの会社が成長を続けてこられたのでしょうか。

ＰＬは会社全体の数字ですが、決算書の注記には事業別や地域別の売上高や利益も載っています。こういった注記を確認すると、どのような事業や地域で売上高が増えているかわかります。

ユニ・チャームの成長を支えているのは海外です。海外の売上高は、この20年間で、３００億円から４４００億円へと大きく増えました。

海外での躍進をささえたのが、豪久氏の現場を重視する経営。たとえば、インドネシアには、必要なものを必要なだけ買う習慣があります。そこで、ユニ・チャームは、１枚入りで低価格の紙おむつを開発し、数珠つなぎにしてお店の軒先に吊るして売ったのです。この結果、ユニ・チャームは、インドネシアで紙おむつのシェアがトップになりました。

また、国内の売上高も減っているわけではありません。大人用おむつや衛生用品などが伸びています。

コロナ禍ではマスクをつけることが日常的になりましたが、不織布の立体型マスクをはじめて消費者に発売したのはユニ・チャームです。２００３年発売の「超立体マスク」はそれまで主流だった平面的なガーゼタイプより、花粉やウィルスを通しにくいマスクです。このおかげで、感染率がおさえられているという面もあるに違いありません。

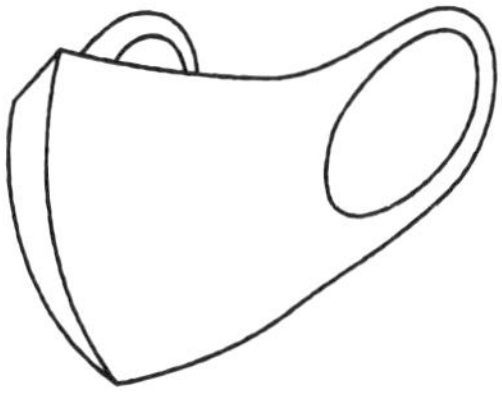

会社の大きさ

6

大きい取引ができるのは、社長か？　課長か？

売上高と純利益がわかるだけでも、ビジネスに役立てることができます。

あるホームページ制作会社に、2件の新規の問い合わせがあったとしましょう。1件目のA社は社長、2件目のB社は課長からの問い合わせです。

どちらのほうが、よい話だと思いますか。

社長みずからが問い合わせをしてきたA社のほうが、期待できそうだと思う人もいるかもしれませんが、どうでしょうか。

売上と利益の情報をくわえてみます。

A社は売上高1億円で純利益100万円、B社は売上高20億円で純利益1億円です。

A社にとって10万円単位の出費をするのは慎重なはずです。かりに50万円の見積もりを出したら、もっと安いほうがいいというでしょう。

B社は、100万円の見積もりを出しても受注できる可能性があります。簡単とはいわないけれど、A社よりハードルは低いはずです。100万円に見合った、さらには100万円以上の価値を見いだせるかどうかを気にするでしょう。

A社とB社、従業員の数を推測してみましょう。2Xだとすると、A社は2人。B社は40人。幅はあるとしても、A社の従業員数は一桁、B社の従業員数は二桁でしょう。

A社は、きっと、「社長がすべて」みたいな会社です。ホームページを作るとなったら、社員任せにすることはないでしょう。だから、社長みずから問い合わせをしてきたのです。ホームページ制作会社が、受注額の大きさよりも即断即決で進められる案件がよいと考えているなら、A社のほうがよいでしょう。

B社は、ある程度役割分担しているはずです。ホームページの問い合わせをするのは、課長か部長でしょう。

できるだけ受注額の高い案件をとりたいと考えているなら、B社のほうがよいでしょう。

このように、**売上高や利益がわかれば、その会社との取引の可能性や取引額を予想することができるのです。**

増収増益の会社は取引のチャンス

法人営業をしている営業担当者にとって、取引先や新規開拓先の売上や利益は重要な情報で

法人営業担当者が狙うべき会社は、増収増益の会社

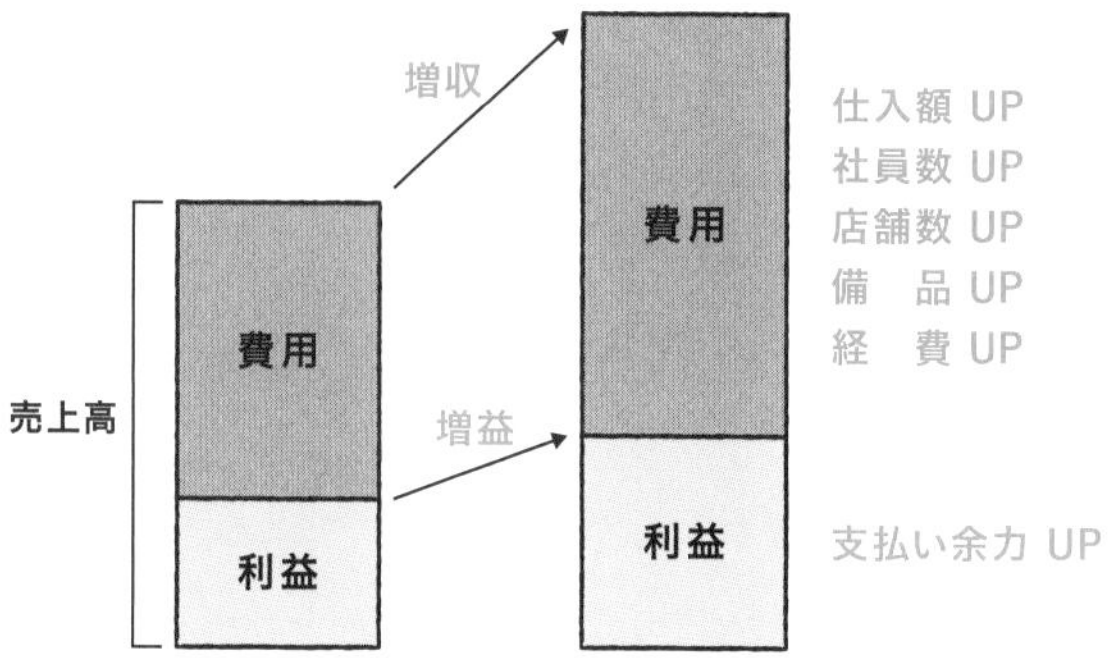

す。

売上高や利益の金額が大きい会社との取引は、取引金額も大きくなりやすいです。

また、会社の成長性も重要です。狙い目になるのは増収増益の会社です。

増収ということは、売上高が増えているということです。そのとき、通常、さまざまな費用も増えています。

たとえば、仕入れ額は増えているでしょうから、その会社に商材を納品している会社にはビジネスチャンスです。

社員も増えているでしょう。人材紹介など人材ビジネスをやっている会社にとってはビジネスチャンスです。

店舗や営業所を増やしているかもしれないし、新規商材を探しているかもしれません。広告費だって、電話だって、コピー機だって、増やし

ている可能性が高いでしょう。備品などの販売会社、広告代理店などにとってビジネスチャンスになります。

そして、増益ということは、お金を出す余力も増えています。

既存の取引先が増収増益であれば、取引拡大が狙えますし、新規開拓先が増収増益であれば、新規取引のチャンスになることが多いのです。

会社の大きさ

7

良い赤字、悪い赤字とは？

利益がプラスならいわゆる黒字。マイナスならいわゆる赤字です。

赤字の場合は、利益ではなく**損失**といいます。純利益がマイナスなら純損失です。

純損失を計上しても、会社がすぐに倒産するわけではありません。黒字か赤字かは、倒産とは直接は関係がありません。

会社が倒産するのは、支払わなくてはならないお金を支払えないときです。黒字でもお金がなくなれば倒産しますし、赤字でもお金があれば倒産しません。

ただ、**通常は、純損失が続くと、倒産の可能性が高くなります。**

純損失を続けていると、お金は減っていきます。銀行から借りるとか、どこかから調達できればいいけれど、倒産しそうになるとそれも難しくなります。お金がなくなって支払いができなくなると倒産になるのです。

JAL ——会計の力で再生した日本の翼

JALはANAとならぶ日本の航空会社。戦後、政府から出資を受けて設立されました。1987年に完全民営化されましたが、運輸省の行政指導は続き、官僚に依存する「親方日の丸」体質は残ります。

ドル箱路線は競合との競争が厳しくなり、不採算路線は政治家の反発をおそれ撤退できず、収益力は下がっていきます。たびたび赤字決算となっても、労働組合の反発をおそれ高い人件費にもメスを入れることはできず、問題は先送りされ続けました。

そして、リーマンショックといわれる金融危機をきっかけに、ついに、2010年に会社更生法を申請し、倒産してしまいました。事業会社として戦後最大の倒産でした。大きい会社でも倒産するときは倒産してしまいます。

JALは航空会社なので、PLに記載されているメインの収益は「売上高」ではなく、「営業収益」です。倒産直前の2009年3月期の営業収益は1・9兆円、純損失は660億円でした。

再建にあたっては、京セラの創業者の稲盛和夫《いなもりかずお》氏が会長に就任しました。

不採算路線からの撤退、希望退職による人員削減、給与引き下げといったリストラを実施しました。

JALは会社更生によって赤字体質を脱した

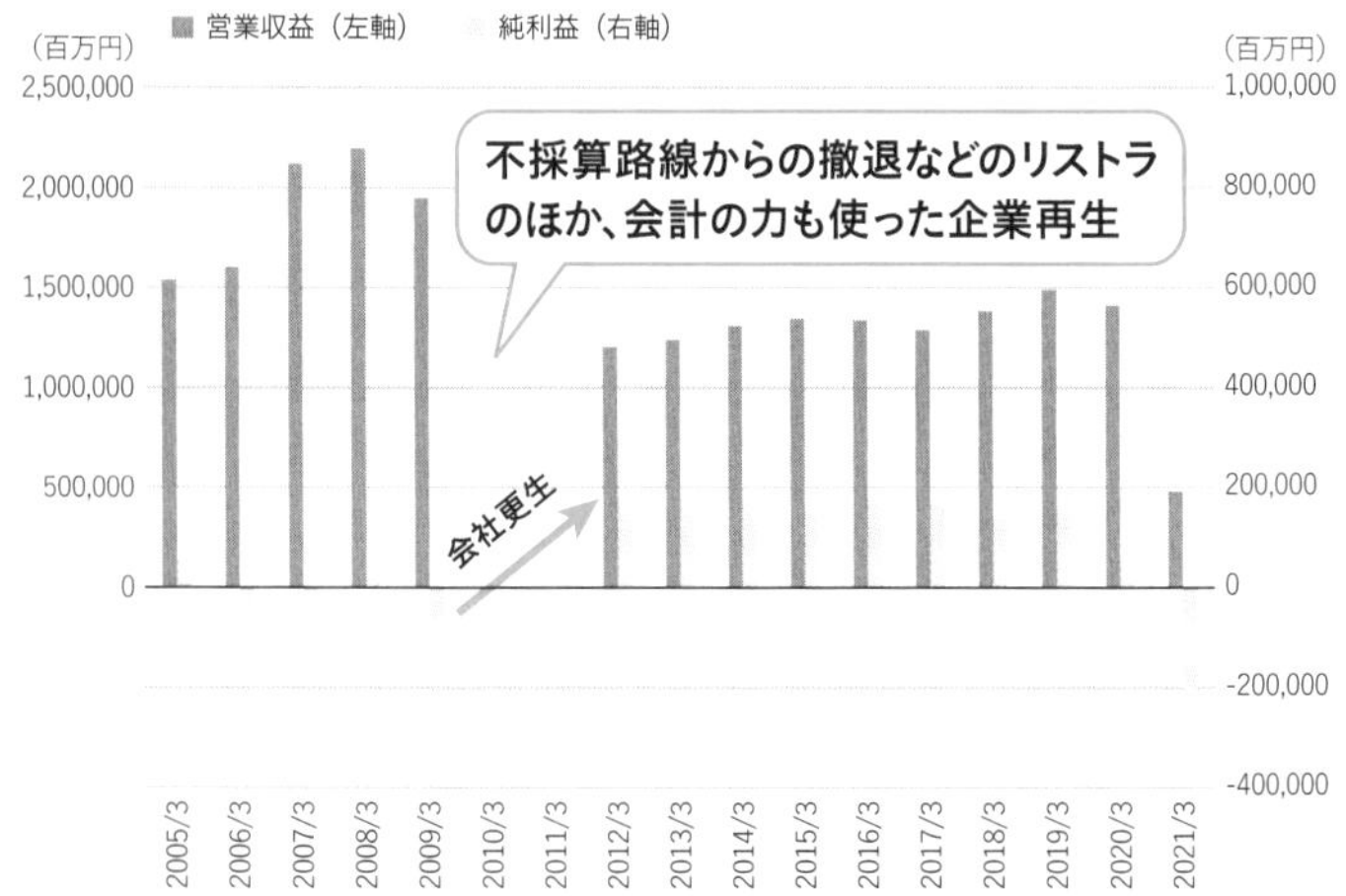

2010年3月期、2011年3月期は、会社更生手続き中であり、連結決算を公表していない。

また、稲盛氏は、会計の力も使いました。

倒産前のＪＡＬではコスト意識は薄く、どんぶり勘定の数値管理でした。あたかも、どうすれば高い点数の演技になるか知らない体操選手、いや、点数が低くても安全な演技ならそれでいいという体操選手のようなものだったのでしょう。

稲盛氏は、部門別採算制度を導入。路線別の収支がわかるようにして、採算責任を明確化しました。毎月の業績報告会での議論を重ねていくなかで、現場の数字への意識も変わったそうです。安全で、高い点数を出せる体操選手になったのです。

その結果、業績は回復し、上場廃止からたったの2年8カ月後に、再上場を果たしました。

かつて2兆円以上だったこともある営業

収益は1兆数千億円と減りましたが、毎期1000億円以上の純利益を計上することができるようになったのです。

なお、2020年にヒットしたテレビドラマ「半沢直樹」の帝国航空は、JALがモデルといわれています。

会社が存続するためには、基本的には黒字にすることが大切です。

ただ、赤字は絶対にいけないものというわけでもありません。

会社によっては、赤字をいとわない場合もあります。

ライフネット生命 ――生命保険の経費は高いのか？　安いのか？

ライフネット生命は、2006年、戦後初の独立系生命保険会社として設立されました。

生命保険は、それまでは保険会社の営業職員が売るものでした。ライフネット生命は、インターネット販売で店舗費用や人件費をおさえ、保険料を安くしたのです。

売上高にあたる保険料等収入は右肩上がりに増え続けている一方、赤字決算が続いています。

生命保険の新規契約獲得にはコストがかかります。そして、一度、契約をむすぶと、その後は、すぐに解約することはあまりなく、安定的に保険料収入が見込めます。

ライフネット生命は赤字が続いている

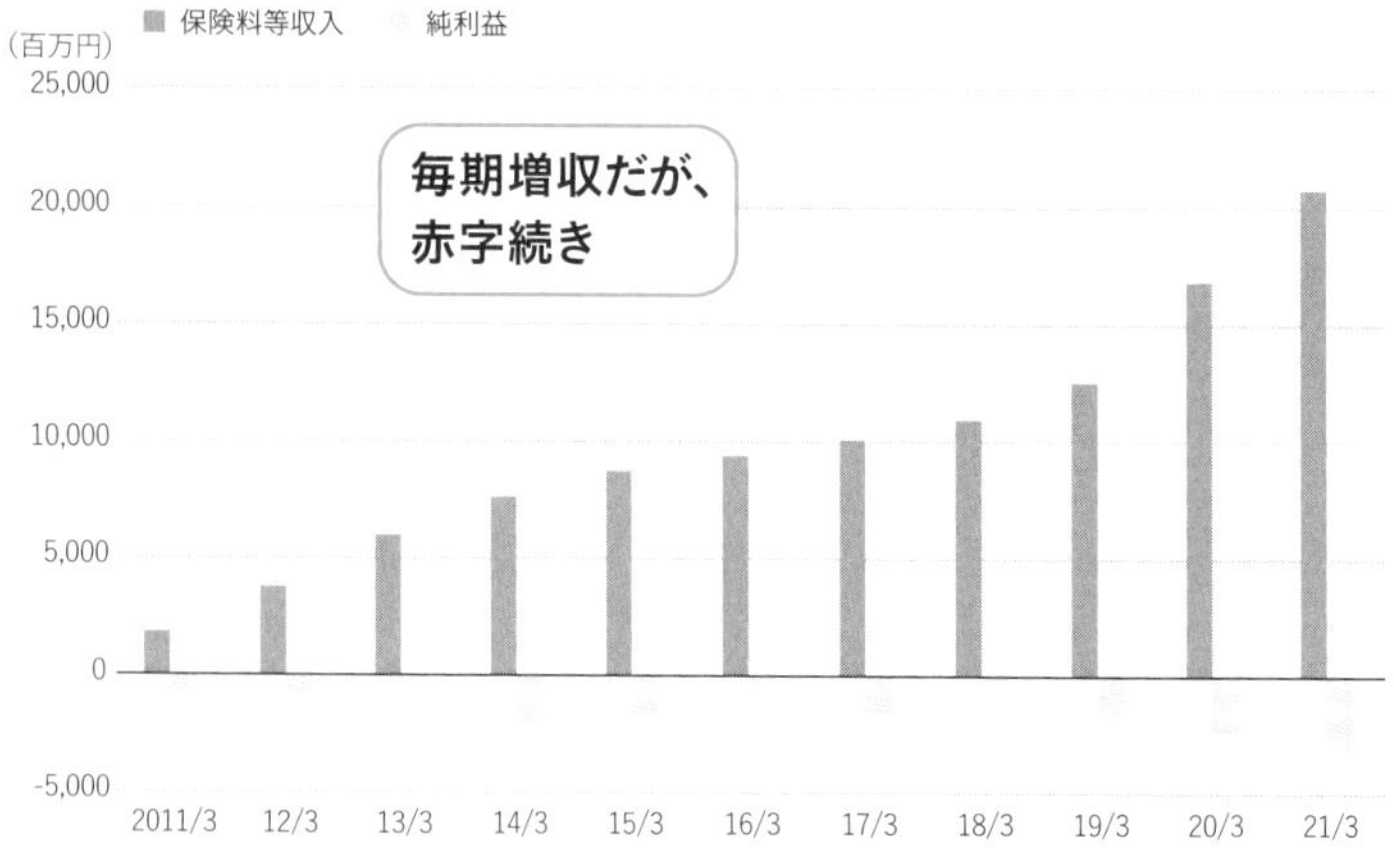

ライフネット生命の資料によると、保険契約を1件獲得するための費用は約６７０００円。そして、その後は、平均して約４３０００円の保険料が約17年入ってくるとのことです。

ＰＬでは、費用が先に発生して、収益は後から入ってくるということですね。

新規契約を増やせば増やすほど、赤字がふくらんでしまいますが、長い目で見れば、契約数を増やしたほうがいいということになります。

ライフネット生命は、今は新規契約を増やしているため、赤字決算が続いているのです。

ところで、保険会社に保険契約の獲得費用がかかるということは、私たち、保険に加入する側から見ると、私たちが支払う保険料にはそういった費用も含まれているということです。

保険の本質はリスクヘッジです。たとえば、

保険契約１件当たりの損益イメージ

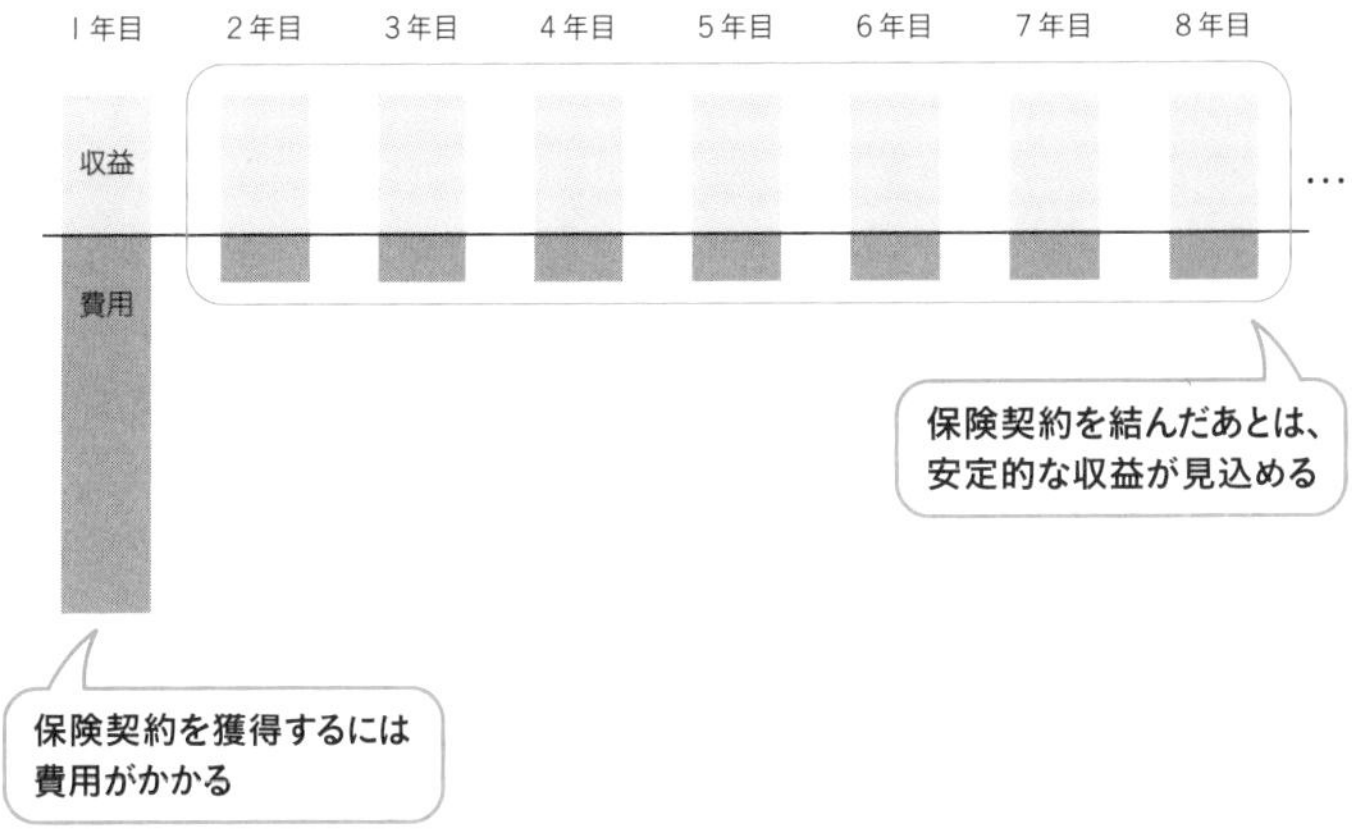

１００人で１万円ずつ出し合うと１００万円になり、何かあった人がその１００万円を保険金として受け取るという考え方です。実際は保険会社にも経費がかかるので、１００万円満額を受け取るのではなく、経費を差し引いた金額を受け取ります。かりに経費が10％なら90万円だし、20％なら80万円です。

実際は、保険料のうちどれぐらいが経費にあてられるのだと思いますか。

これは、決算書を見てもわかりません。保険は支払う時期と受け取る時期が一致していないからです。

そのため、長い間、保険料の内訳はブラックボックスでしたが、ライフネット生命は、生命保険会社ではじめて保険料の内訳を開示しました。

保険の種類や金額などの条件によって内訳は

保険料の約４割が経費の生命保険もある

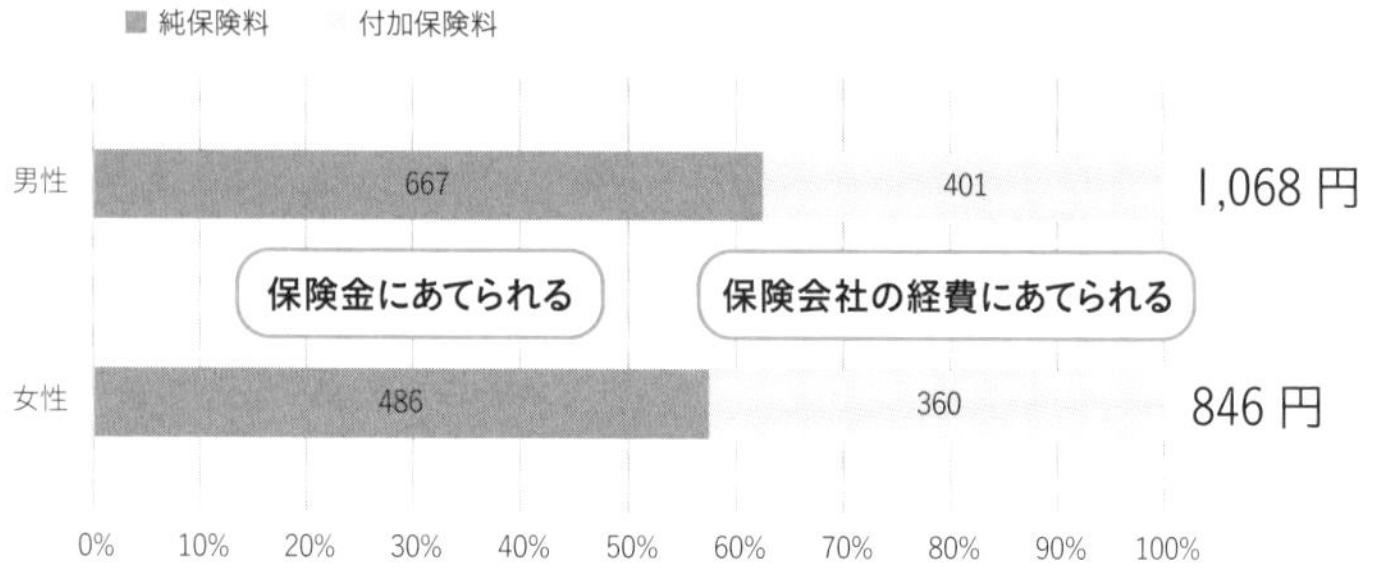

定期死亡保険「かぞくへの保険」（30歳・保険金額1,000万円）の保険料の内訳

違いますが、たとえば、１０００万円の定期死亡保険を30歳で契約した男性の場合、保険料は１０６８円。そのうち、保険会社の経費にあてられるのは４０１円で、約４割になります。

経費が安いといわれるライフネット生命ですから、他の生命保険会社は、もっと経費が高いのでしょう。

リスクヘッジの費用も安くないものですね。

ＪＡＬの赤字とライフネット生命の赤字。数字だけ見るとどちらも赤字であることは同じですが、その意味が違うということが感じられましたか？

ＪＡＬの赤字は、経営者としては避けたい赤字です。将来につながる赤字ではありません。ライフネット生命は、将来の利益を考えたら、今は赤字でもよいと考えて、赤字になっているものです。

片倉工業 ——渋沢栄一の作った富岡製糸場は今

片倉工業は減収続き

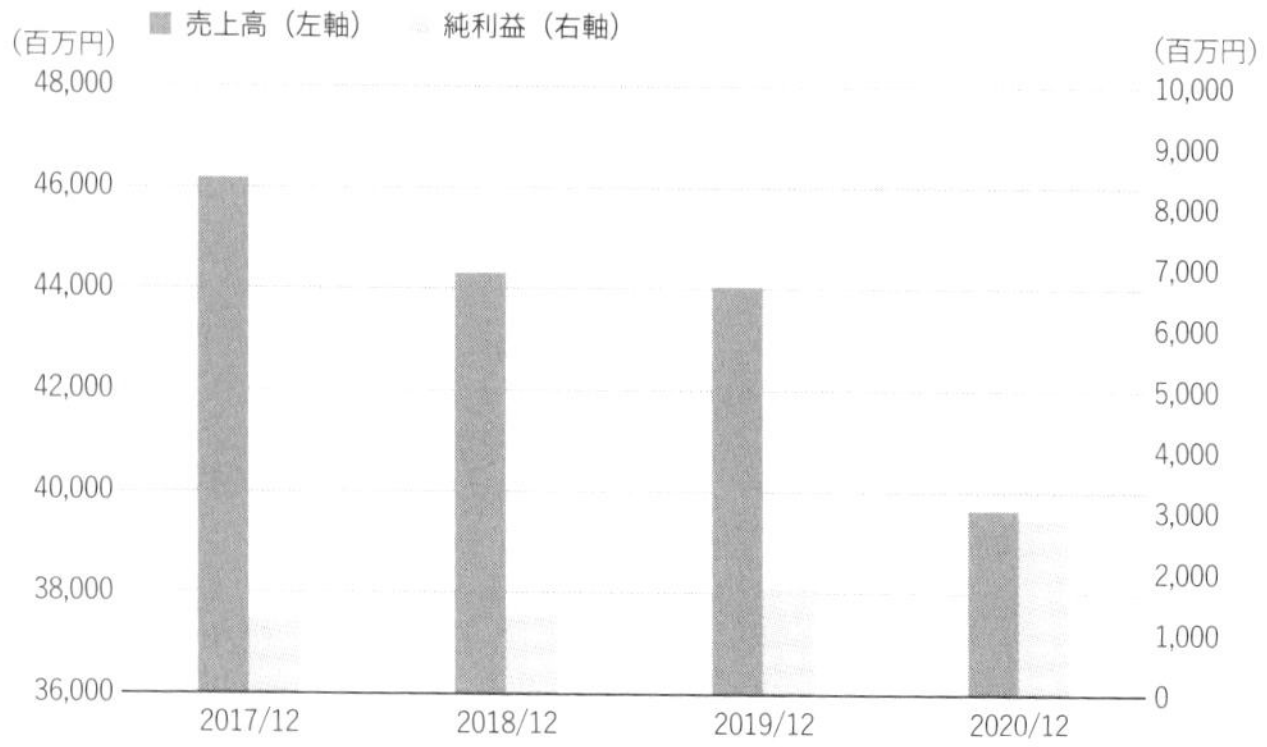

片倉工業は、かつて富岡製糸場を運営していた会社です。

近年は減収が続いていますが、その理由は、①競争で値下げが続いているからか、②構造改革を進めているからか、どちらだと思いますか。

ヒント 値下げで減収となっているなら、利益も減るはずです。

日本初の本格的器械製糸工場、富岡製糸場。今は世界遺産になっています。２０２１年のＮＨＫ大河ドラマ『青天を衝け』の主人公であり、２０２４年度からの１万円札の顔ともなる渋沢栄一が主導して設立されました。富岡製糸場を１９３９年から１９８７年まで運営していたのが片岡工業です。かつては、片倉製糸紡績という会社名でした。繊維事業が小さくなるなか、現在は、医薬品、不動産、機械、繊維といった事業を展開しており、利益の柱は不動産業です。

売上高は約４００億円。従業員数は2Xだと８００人ですが、実際は２０２０年末で１０６９人です。

不採算事業から撤退する構造改革を進めています。この結果、売上高が減って、利益が増える減収増益となっています。

ＰＬの基本的な式は「利益＝収益－費用」。この章では、主に、ＰＬの一番上の売上高と一番下の純利益について見てきました。次の章ではその間を見ていきましょう。

利益が出ていたとしても、本業できちんと儲かっているのか、たまたま一時的な要因で黒字になったのかでは違いがあります。ＰＬで売上高と純利益の間を見ていけばそういうことがわかります。

第2章

なぜ頑張っても給料は増えないのか？

——会社の稼ぐ力を読む　損益計算書（PL）②

会社の稼ぐ力

1

商品力の強い会社を見分ける方法

ニトリで何か買ったことはありますか？

ニトリは全国に600以上の店舗があり、ネット通販もやっていますから、買ったことがある人も多いでしょう。

私も、テーブル、いす、ベッドなど、ニトリの商品を愛用しています。

ニトリの特徴は、なんといっても安いこと。

薄利多売で、利益を削って安く売っているのでしょうか？

たとえば、ベッドは、たったの2万円で売っているものもありますが、ニトリは、このベッドを作るのにいくらかけたと思いますか？

ニトリのPLで推測してみましょう。

ニトリのPLを上から見てみると、売上高7169億円、売上原価3051億円、売上総利益4118億円となっています。

これは、ニトリが1年で7169億円の製品を売り、その製品を作るのに3051億円かかり、差額の儲けが4118億円だったということです。

売上原価は、売ったものに直接かかった費用で、販売業ならいくらで仕入れたか、製造業ならいくらで作ったかをあらわしています。製造業の売上原価には、材料費、工場で働く人の人件費、工場の経費などが含まれます。

売上総利益《うりあげそうりえき》は、売上高から売上原価を引いた金額です。

売上総利益（粗利）＝売上高－売上原価

実務では売上総利益のことを**粗利**《あらり》ということが多いです。粗利という用語はPLには出てきません。私は最初に仕事で「粗利」という文字を見たとき「そり」と読んでしまい、恥ずかしい思いをした記憶があります。「そうりえき」と「そり」で言葉はちょっと似ていますが、「粗利」は「そり」ではなく、「あらり」と読みます。

PLの数字は、売上高との比率にするとわかりやすくなります。売上原価の売上高に対する比率は売上原価率、売上総利益（粗利）の売上高に対する比率は**売上総利益率**または**粗利率**《あらりりつ》といいます。

売上原価率　＝　売上原価　÷　売上高

売上総利益率（粗利率）　＝　売上総利益　÷　売上高

ニトリの売上原価率は42・6％、粗利率は57・4％です。

商品によって原価率は違いますから正確ではありませんが、かりに2万円のベッドの原価率も42・6％だとすると、原価は20000×42・6％＝約8500円と推測できます。

粗利率は商品力の強さを示します。会社や業種によってかなりばらつきがありますが、あえて目安をあげると、25％程度です。75円で仕入れたものを100円で売れば、粗利率は25％です。

ニトリは57・4％なので、目安より高いですね。

ニトリは、薄利多売どころか、しっかりと利益をのせて売っているんです。それだけ安く作ることができているということです。

粗利率のように、利益の売上高に対する比率を一般に**売上高利益率**といいます。売上高利益率を使うことで、他の会社との比較や過去との比較などをしやすくなります。

「率」で数字をつかむと……

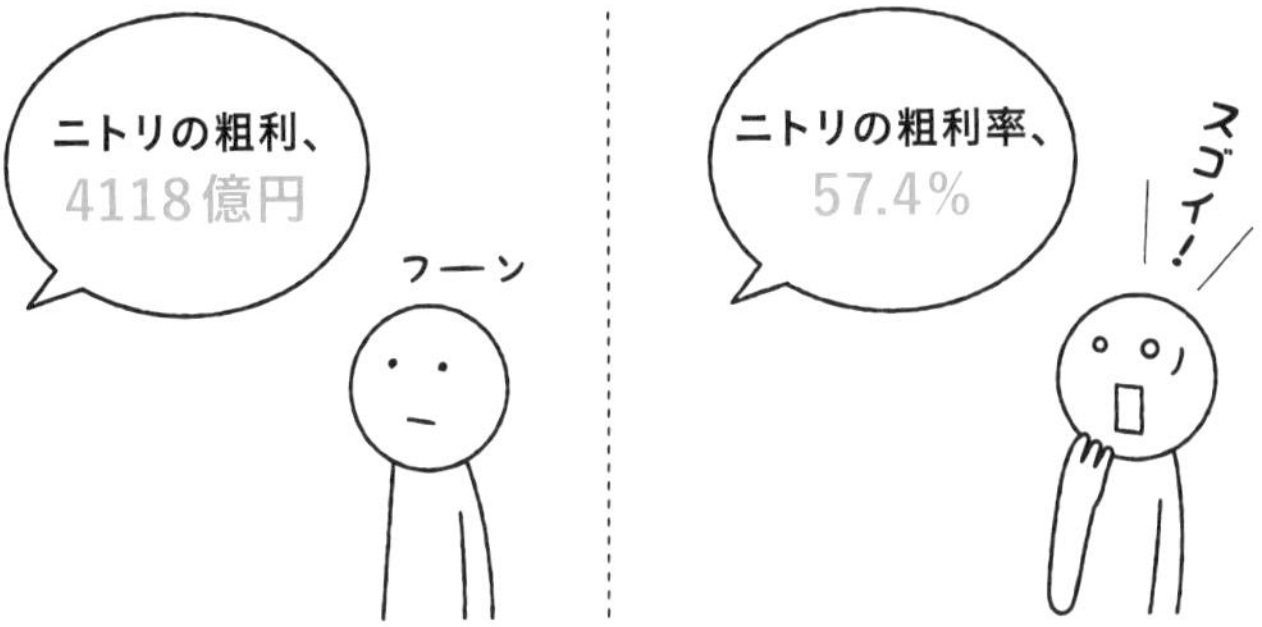
ニトリの粗利、
4118億円
フーン
ニトリの粗利率、
57.4%
スゴイ！

比較・分析が簡単になる！

粗利が4118億円というだけでは、高い数字なのか低い数字なのかわかりませんが、粗利率が57・4％であれば、目安の25％より高いということが簡単にわかります。

これから先もいろいろな「率」が出てきますが、ぜひ「率」で数字をつかむことに慣れていってください。

粗利率の高いビジネスとは？

粗利率を高くするには、原価を安くして、高く売る必要があります。原価を安くするというのは、販売業なら安く仕入れるということですし、製造業なら安く作るということです。

どこでも扱っているような商品だと粗利率をあげるのは簡単ではありません。他の会社で安く売っているものを、自分の会社だけ高く売ろうとしても売れません。

他では扱っていない魅力的な商品を扱えば、粗利率は高くなります。

たとえば、製薬会社は粗利率が高い業界です。特許で守られているため、他社は同じ商品を作ることができず、また、薬価という公定価格で、販売価格も決まっているからです。

孫子は「戦わずして勝つ」ことを説きましたが、ビジネスでも同じ。価格競争で他社と戦うと、粗利は小さくなってしまいます。粗利率が高い会社は、商品力が高く、他社とは戦わない会社のことが多いのです。

企業ファイル

ニトリ　——なぜ「お、ねだん以上。」ができるのか？

小売業は物を仕入れて消費者に売るビジネスです。通常は自社で物は作りません。

自社で物を作って小売をするのはＳＰＡ《エスピーエー》と呼ばれます。ＳＰＡは、Speciality store retailer of Private label Apparel の頭文字をとったものです。もともとアメリカのアパレル会社であるＧＡＰが自社のことをそのように言ったのが始まりですが、今は、アパレル以外の業界にも広がり、広く製造小売業者のことをＳＰＡと言います。

ニトリはＳＰＡの代表的な企業の一つです。人件費の安いベトナムなどに工場があります。

家具の業界では、一昔前までは、メーカー、問屋、小売店というように、それぞれ分業する

SPA（製造小売業）のメリット

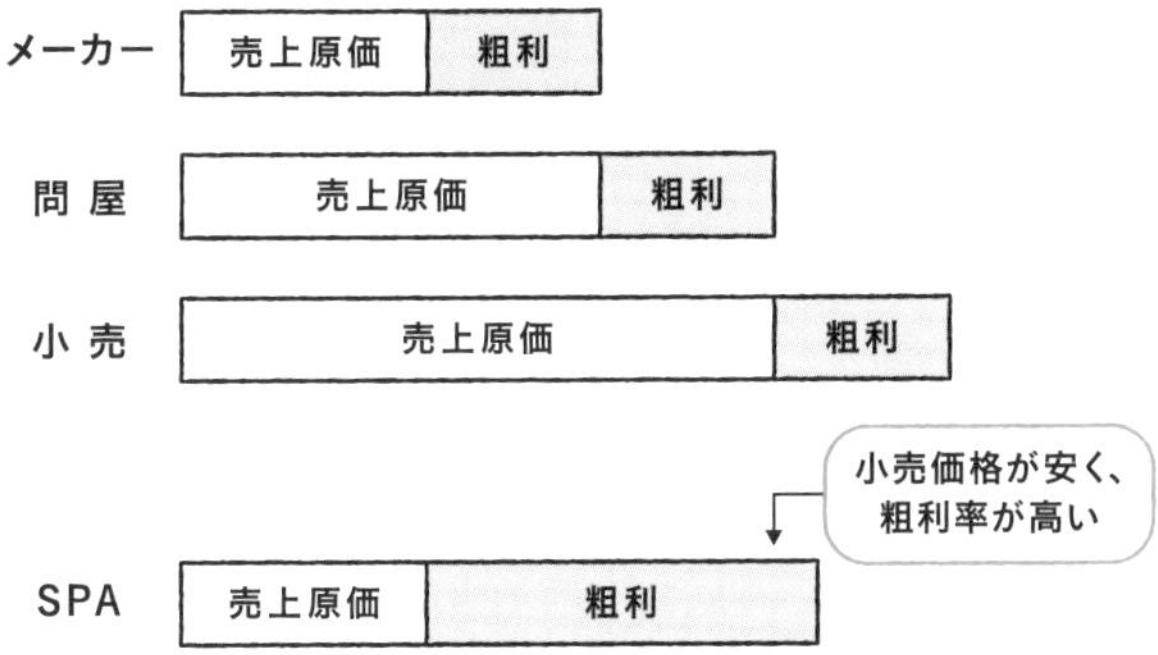

のが当たり前でした。

メーカー、問屋、小売店というように流通する場合は、メーカーは売上原価に粗利を乗せて問屋に売ります。問屋はメーカーからの仕入れ値に粗利を乗せて小売店に売ります。小売店もまた、問屋からの仕入れ値に粗利を乗せて消費者に売ります。消費者が買う値段は、メーカー、問屋、小売という各段階での粗利がのった金額になります。

一方、**SPAの場合は、間に会社がありません。自社で作って、自社で売るので、間に入る会社がない分、利益率を高くすることができるのです。**「お、ねだん以上。ニトリ」が実現できるんですね。

そんなに儲かるなら、他の会社もSPAをやればいいのに、と思ってしまうかもしれませんが、SPAは簡単にできることではありません。

私は、これまで、小売業の経営者にも数多くお会いしましたが、「製造部門を持つことは考えませんか?」と聞くと、たいていは考えていないとの答えがあります。

自社には製造のノウハウがない、自社で製造部門を持つと取引のある製造会社との関係が悪くなる、また、売れ筋は時とともにかわるので製造部門を持たずに売れ筋だけを仕入れたほうがよいといった理由です。

そういった難しさを乗り越えて、製造と小売を両方ともやることができるようになると、収益力も高くなるんですね。

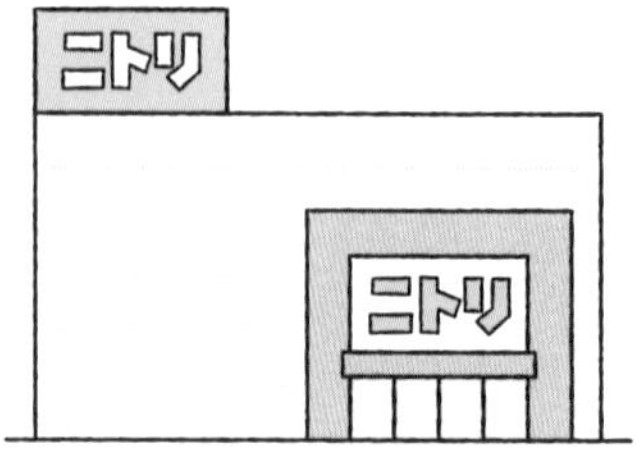

会社の稼ぐ力

2

本業での利益をあらわす「営業利益」

ニトリのPLの上から3行を見てきました。

売上高から、売上原価を差し引いて、売上総利益（粗利）でした。

ニトリのPLは何十行もあります。売上高は収益で、売上原価は費用ですが、ほかにもいろいろな収益や費用があります。

会社が事業を続けるためには、人件費、広告宣伝費、販売手数料、家賃、通信費、研究開発費など、いろいろな費用がかかります。そういった販売や管理にかかる費用を**販売費及び一般管理費**といいます。略して「販管費《はんかんひ》」ということもあります。

売上総利益から、販売費及び一般管理費を差し引いたのが営業利益です。

営業利益　＝　売上総利益（粗利）　－　販売費及び一般管理費

営業利益は、本業の利益です。

営業利益の売上高に対する比率は**営業利益率**です。売上高営業利益率ということもあります。

営業利益率　＝　営業利益　÷　売上高

営業利益率は、会社によって、また、業種によってさまざまですが、5％をひとつの目安とするといいでしょう。


粗利率25％、営業利益率5％なら、会社が100円の売上高をあげるのに、75円の売上原価、20円の販管費がかかり、5円の営業利益が残るということですね。

営業利益率が10％あれば収益力が高いといえるでしょう。

ニトリの営業利益は1377億円、営業利益率は19・2％。5％よりだいぶ高いです。

営業利益は、とても重視されています。会社は本業でしっかりと利益を出すのが健全です。

売上総利益（粗利）が増えても、それ以上に販管費が増えると営業利益は減ってしまいます。

このようなときは、収益力はさがったと見るのが一般的です。売るのにお金がかかるようになってしまったということですね。

営業利益率は業種によって違う

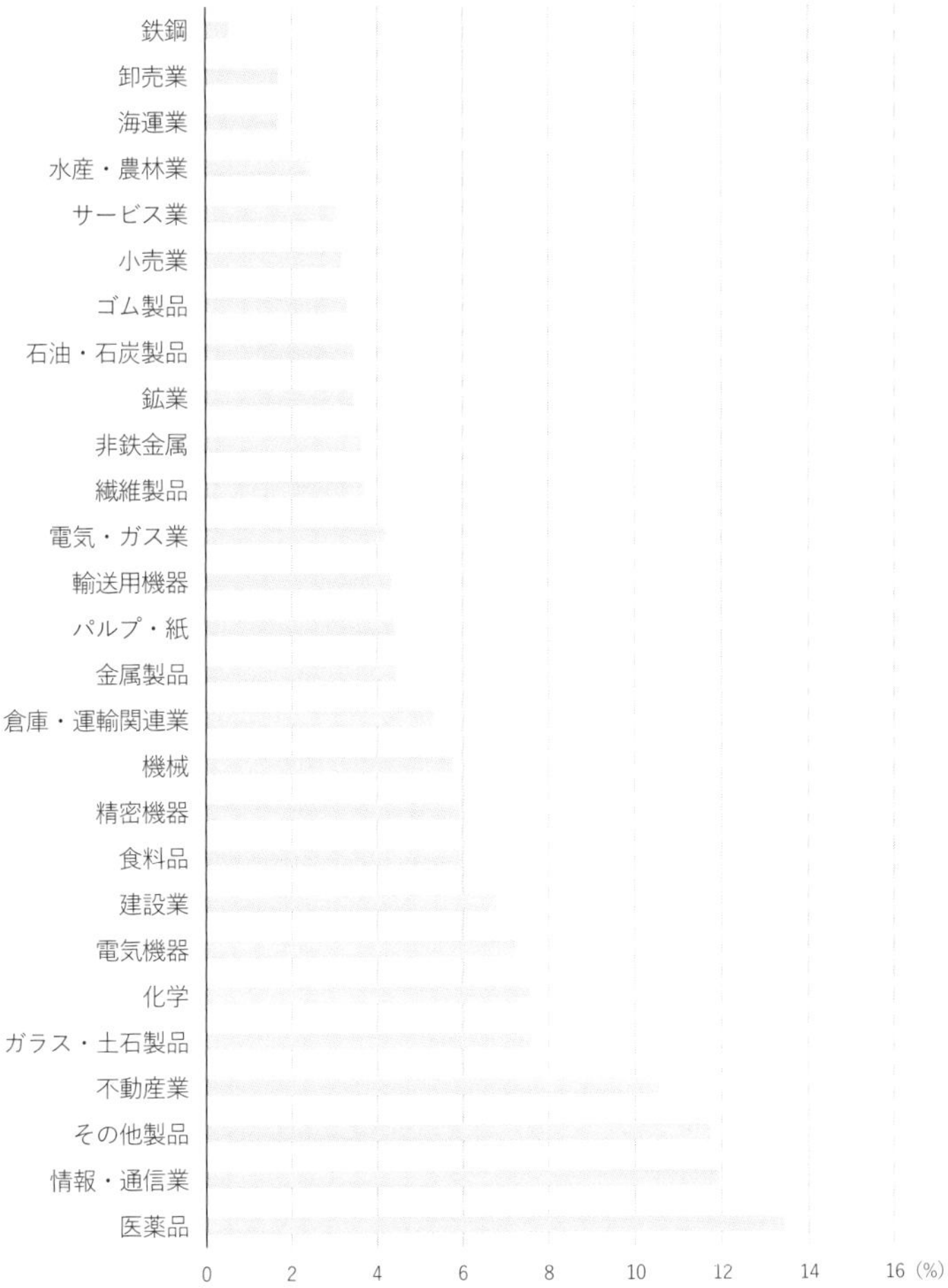

（日本取引所「決算短信集計結果」〈2021年3月期〉より著者作成。
金融業を除く。また、空運業・陸運業も赤字のため除いた）

会社の収益力は営業利益で評価することが多い

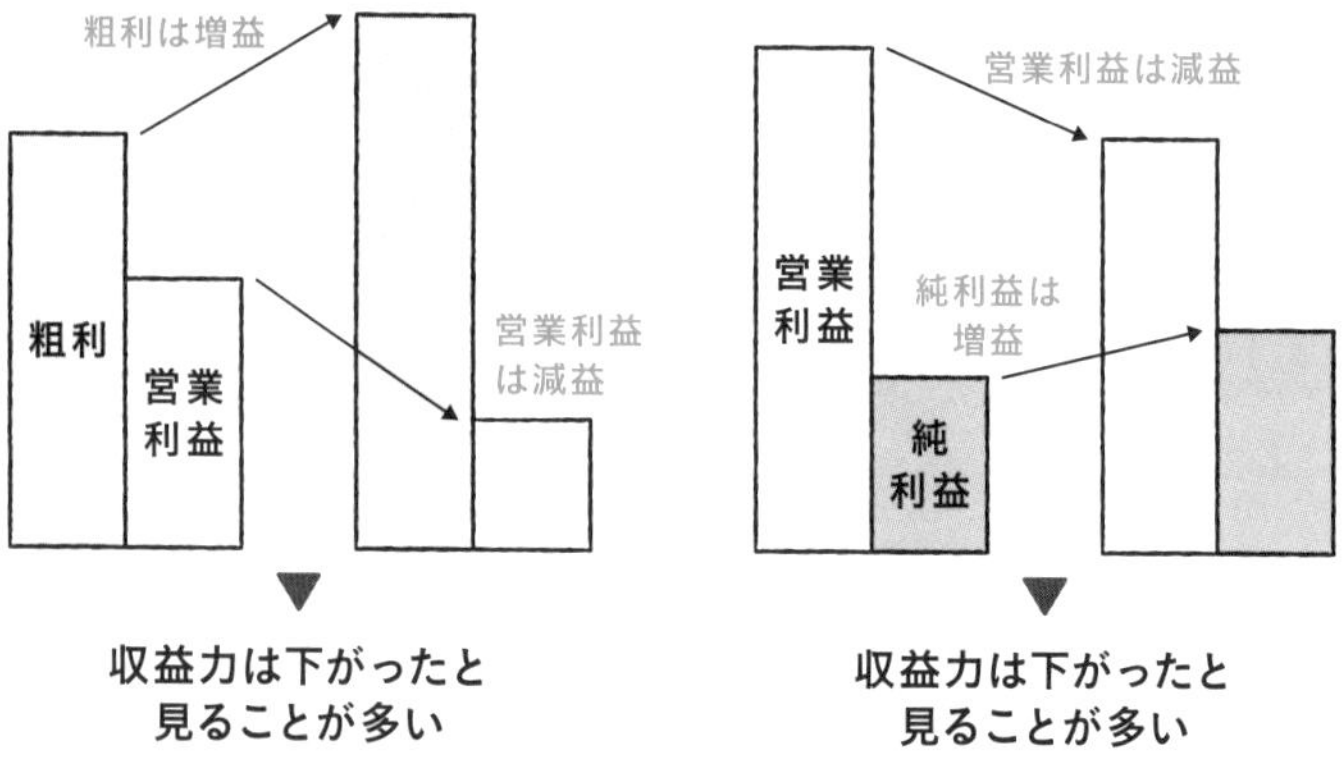
粗利は増益
粗利
営業利益
営業利益は減益
収益力は下がったと見ることが多い
営業利益は減益
営業利益
純利益は増益
純利益
収益力は下がったと見ることが多い

営業利益が減っても、本業以外の利益が増えると、純利益が増えることがあります。このようなときも、収益力は下がったと見るのが一般的です。

私たちも、かりに手取りが増えたとしても、それが決算賞与によるものであって、基本給が減給になっていたとしたら、稼ぐ力は下がったと感じてしまいますよね。

オリエンタルランド、JTB

——レジャー首位対決で勝つのはどっち？

営業利益率はオリエンタルランドのほうが高い

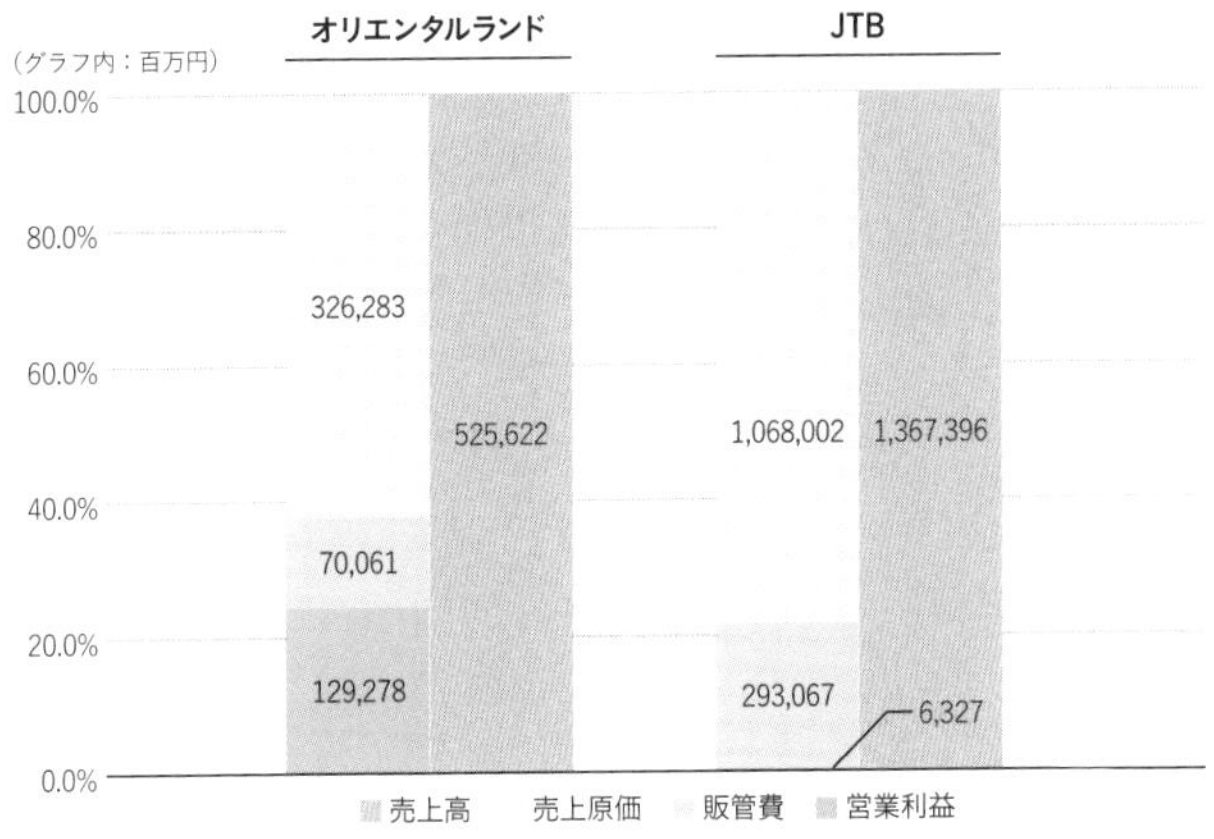

オリエンタルランドは、東京ディズニーリゾートを運営しており、テーマパーク運営で国内首位の会社です。

JTBは、旅行代理店で国内首位の会社です。

どちらもレジャー関連のビジネスですが、収益力には大きな違いがあります。

コロナ前の2019年3月期のPLをくらべてみましょう。

オリエンタルランドは、売上高5300億円、営業利益1300億円です。

JTBは、売上高1・4兆円、営業利益60億円です。

売上高はJTBのほうが2倍以上大きいのですが、営業利益はオリエンタルランドのほうが20倍以上大きくなっています。

利益率でくらべると、より違いがわかりやすくなります。営業利益率は、オリエンタルランドが24・6％あるのに対し、ＪＴＢは０・５％しかありません。

競争力の違いで、利益率に大きな差がついているのです。

東京ディズニーランドが開園したのは１９８３年。入園券とアトラクションのフリーパスがセットになったパスポートは、３９００円でした。数年ごとに値上げされ、２０２１年には変動価格で７９００円から９４００円と、倍以上になりました。

料金を値上げできるのは、東京ディズニーリゾートには、他のテーマパークやレジャーにはない魅力があり、お客さんの支持を得られているからです。

一方、ＪＴＢの扱う旅行は、そうはいきません。ホテルや旅館の予約は、いろいろなところでできます。少しでも安く予約したいと考える人が多い中、ＪＴＢだけ高い値段で売ることはできません。ツアーは旅行会社によって違いがありますが、それでも、大きな違いはありません。

どうしても価格競争の面があるため、利益率が低くなってしまうのです。

また、販管費も両社に違いがあります。ＪＴＢは多くの店舗と社員をかかえており、販管費が多いのです。

会社の稼ぐ力

3

その利益って、自分の力で稼いだ？

売上総利益、営業利益と見てきました。

営業利益が本業の利益ですから、ここから先は本業以外です。

次に計上されているのは、**営業外収益**と**営業外費用**です。これは本業以外で通常の活動による収益と費用です。よくあるのは財務活動によるものです。

営業外収益には、株式を持っている場合の受取配当金や、銀行預金の受取利息などがあります。

営業外費用には、銀行からお金を借りている場合の支払利息などがあります。

営業利益に営業外収益を足して、営業外費用を引いたのが**経常利益**《けいじょうりえき》です。

経常利益　＝　営業利益　＋　営業外収益　－　営業外費用

経常利益は、会社全体の通常の活動による利益ということになります。

営業外収益・営業外費用は、通常は、あまり大きな金額にはなりません。

ニトリの営業外収益・営業外費用もあまり大きくなく、営業利益1377億円、営業外収益24億円、営業外費用16億円、経常利益1384億円となっています。

かつて、金利が高かった時代は支払利息で営業外費用が大きい会社も多かったのですが、低金利になってそのような会社は減りました。上場企業全体では、営業外費用より営業外収益のほうが大きくなっています。

営業外収益が大きい場合は、株式投資による収益など、必ずしも自社の経営努力が及ばず、不安定な利益である場合もあります。

企業ファイル

TBS ——もはやテレビ局とはいえない?

TBSはテレビ局の会社だと思っている人も多いでしょうけれど、PLを見ると、もはやテレビ局の会社とはいえない様子がうかびあがっています。

2021年3月期のTBSの経常利益は192億円でした。このなかで、テレビ局などのメディア・コンテンツ事業の営業利益は29億円しかありません。

実は、**TBSの最大の稼ぎ頭は、営業外収益に計上されている受取配当金の85億円です。**

TBSは、東京エレクトロンという半導体製造装置メーカーの大株主です。東京エレクトロ

TBSは受取配当金と不動産が2大収入源

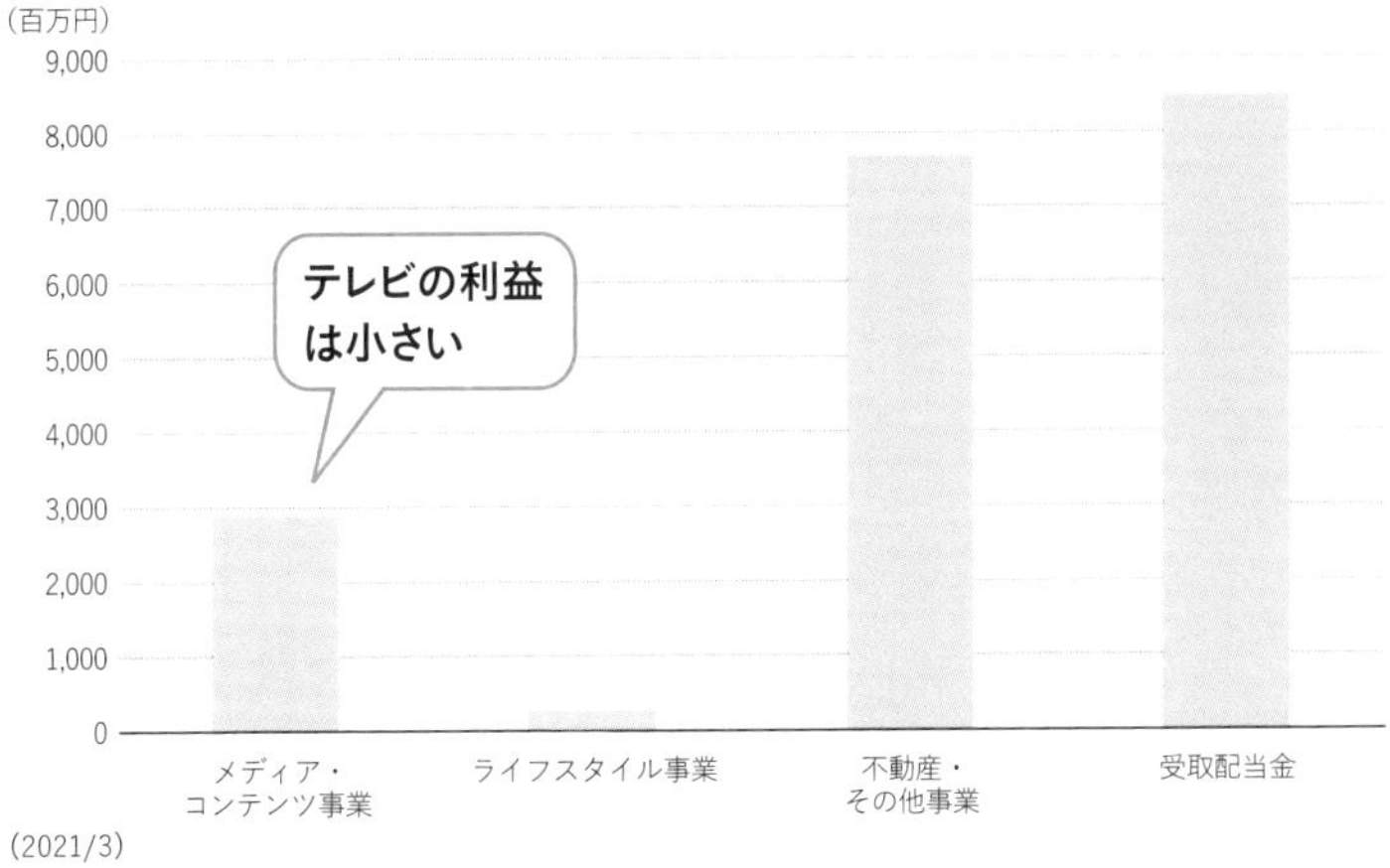

ンは、TBSが出資して設立されたベンチャー企業だったのですが、今や売上高1兆円、営業利益3000億円を超える大企業。その配当金が、TBSの最大の収益源なのです。

2番目の稼ぎ頭は、不動産・その他の事業の77億円。TBSは赤坂という都心の一等地に赤坂Bizタワーをたてて、賃料収入を得ています。それまでの主要事業が縮小して、不動産業で稼ぐようになるのは、よくあることでもあります（↓55ページ）。

テレビ離れが進むなか、テレビで成長するのは難しいでしょう。そう考えると、他の収益源をもっているのは強みであるとも言えます。

一方で、東京エレクトロンの業績や配当政策によって、自社の業績が左右されてしまうという面もあります。本業と関係のない会社の株式を持ち続けていることには批判もあります。

利益の覚え方はＡＫＢ

経常利益で、通常の活動による利益が計算されました。

会社には、通常では発生しないような利益や損失が発生することもあります。

たとえば、土地を売却することで利益や損失が出ることがあります。土地の売却は、毎年あるわけではありません。

また、地震や台風などで損失が出ることもあります。

このように、一時的に発生した利益や損失を、「**特別利益**」、「**特別損失**」といいます。

経常利益に特別利益を足して、特別損失を引くと、「**税金等調整前当期純利益**」となります。

なお、税金等調整前当期純利益は連結ＰＬの表示で、個別ＰＬでは「**税引前当期純利益**」となります。

税金等調整前当期純利益　＝　経常利益　＋　特別利益　－　特別損失

特別利益、特別損失は、何もなければ、通常は小さな数字になります。

ニトリも、経常利益１３８４億円、特別利益８億円、特別損失85億円、税金等調整前当期純利益1307億円となっています。

営業利益、経常利益、税引前当期純利益の並び順はAKBと覚えてしまってもいいでしょう。営業はA、経常はK、税引前の引きはBです。

最後が「**親会社株主に帰属する当期純利益**」。いわゆる純利益です。税金等調整前当期純利益から、法人税、住民税及び事業税を引くなどして計算されます。

税率は3～4割程度なので、通常、純利益は、税金等調整前当期純利益の6～7割になります。

純利益の売上高に対する比率は**純利益率**です。売上高純利益率ということもあります。

純利益　＝　税金等調整前当期純利益　－　法人税、住民税及び事業税など

純利益率　＝　純利益　÷　売上高

純利益率は3～4％程度が目安です。営業外損益・特別損益は小さいことが多いので、営業利益率の目安である5％の6～7割になるのですね。

ニトリの純利益は921億円。税金等調整前当期純利益1307億円の約7割になっています。

東京電力　――損害賠償金を払っても黒字決算が続くワケ

2011年、東日本大震災がありました。東京電力は、原発事故で巨額の損失を計上しましたが、2014年3月期から、営業利益・純利益は黒字が続いています。

震災の処理は終わったかのように見えますが、そうではありません。

震災から10年経った2021年3月期も、特別損失に954億円もの特別損失を計上しました。

震災後も毎期、特別損失を計上しているのです。それでも黒字なのは特別利益も計上しているためです。

原子力政策を推進してきた国にも責任があるということで法律がつくられて、国が東京電力の資金援助をしています。それが毎期特別利益に計上されているのです。借りたお金なら特別利益にはなりませんが、もらったお金なら特別利益になります。

東京電力が支払った損害賠償金は2021年3月までで10兆円にのぼり、廃炉や除染にも巨額の費用がかかりますが、東京電力は破綻していません。

東京電力の損害賠償金は、実質的に国が肩代わりをしていて、国民の税金によってまかなわれているのです。

東京電力は震災後、毎年特別損失を計上しているが黒字続き

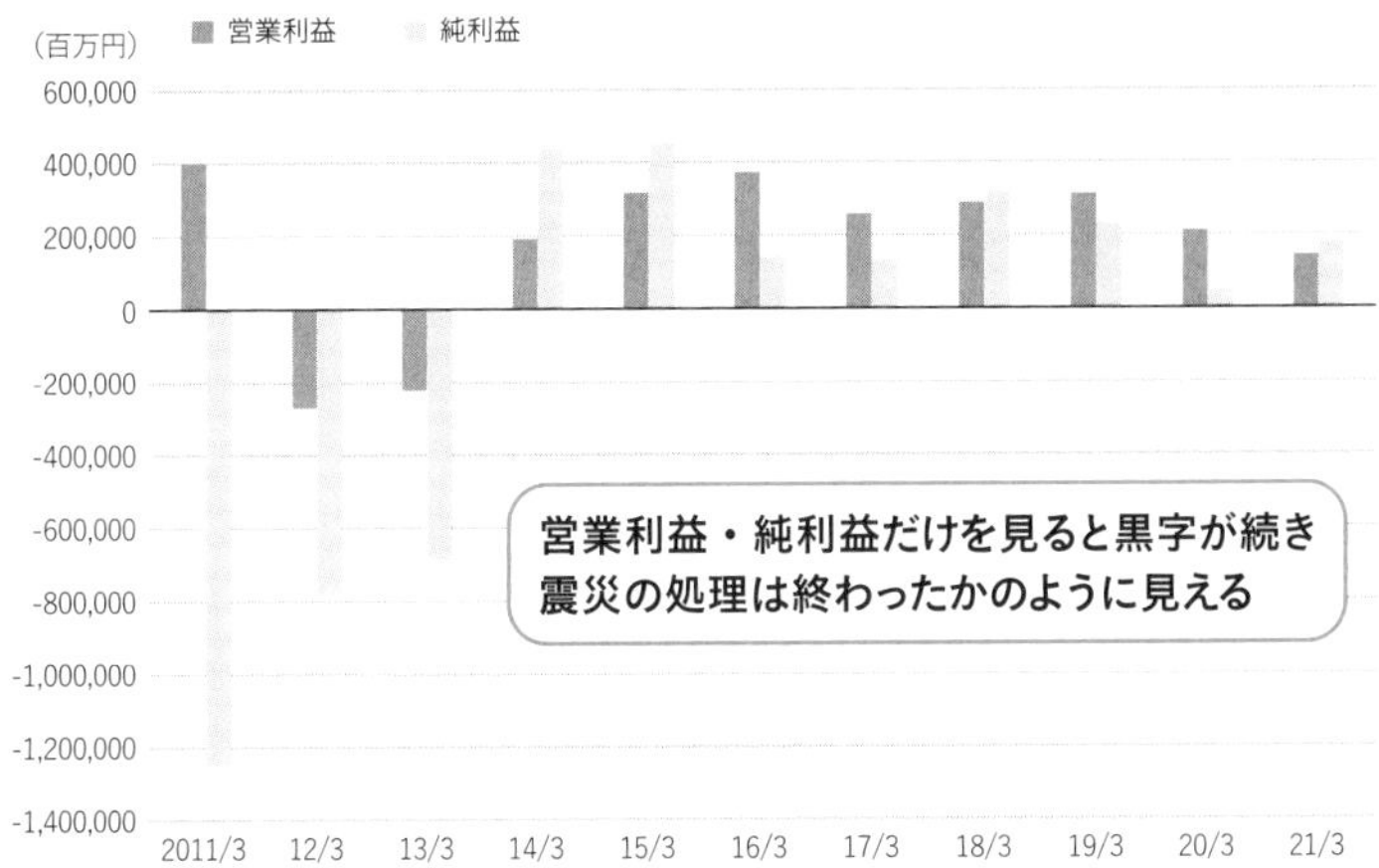

(百万円)
営業利益
純利益
600,000
400,000
200,000
0
-200,000
-400,000
-600,000
-800,000
-1,000,000
-1,200,000
-1,400,000
2011/3
12/3
13/3
14/3
15/3
16/3
17/3
18/3
19/3
20/3
21/3
営業利益・純利益だけを見ると黒字が続き
震災の処理は終わったかのように見える

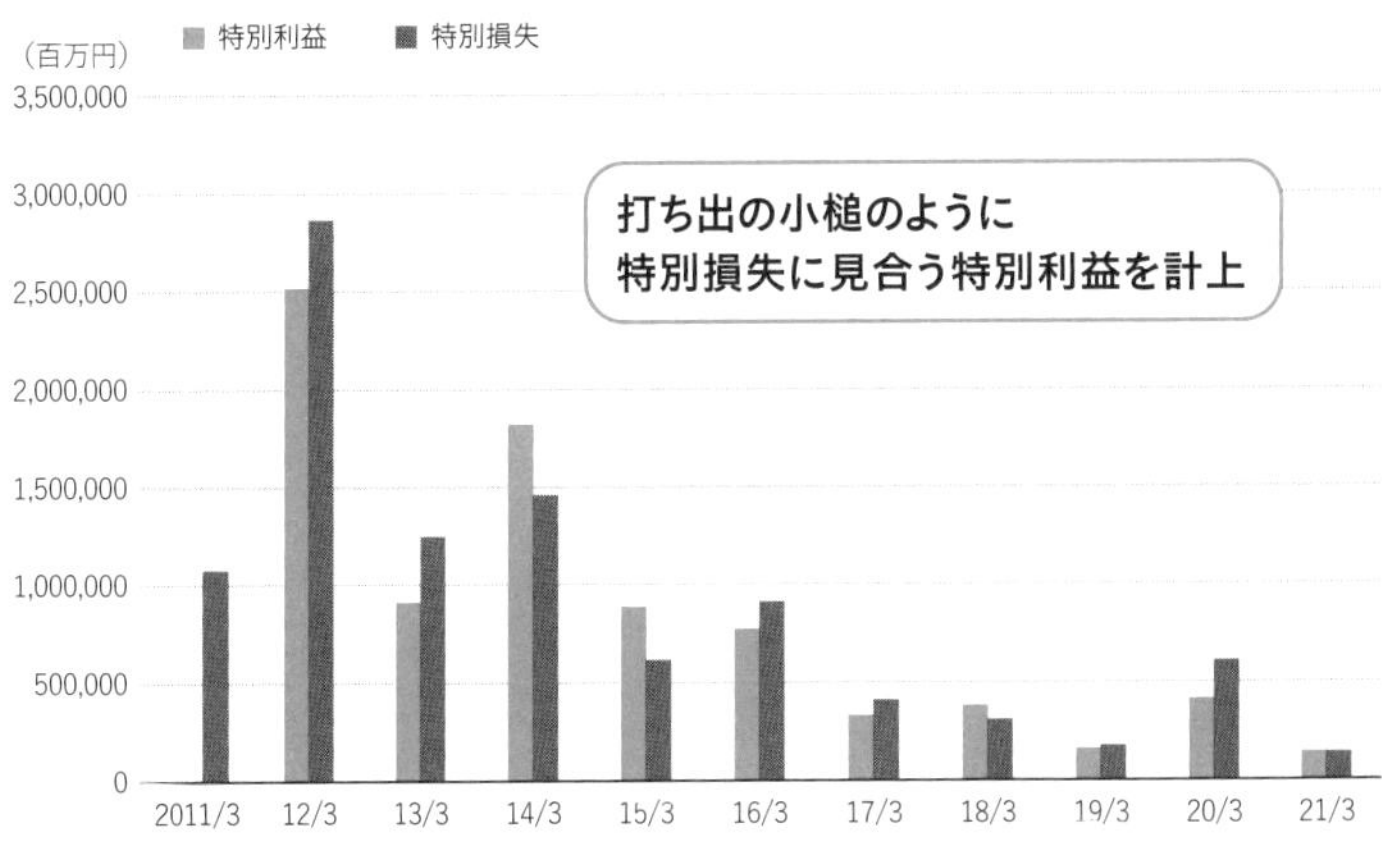

(百万円)
特別利益
特別損失
3,500,000
3,000,000
2,500,000
2,000,000
1,500,000
1,000,000
500,000
0
2011/3
12/3
13/3
14/3
15/3
16/3
17/3
18/3
19/3
20/3
21/3
打ち出の小槌のように
特別損失に見合う特別利益を計上

会社の稼ぐ力

4

なぜ頑張っても給料は増えないのか？

会社にはさまざまな収益、費用があります。それを分類して並べたのがＰＬです。

ＰＬの一番上が売上高で、これはお客さんとの取引です。

ＰＬの下にいくほど、お客さんから遠くなります。主な相手先を見ていくと、売上原価は仕入先。販管費は社員、家主、取引業者など。営業外損益は銀行など。法人税等は国や地方。純利益が株主です。

そして、決算書への関心は、おおむねこの順でＰＬの下にいくほど高くなります。

お客さんは決算書に関心がないことが多いです。私たちも買い物をするとき、お店の決算書を気にすることはないでしょう。

仕入れ先、社員、家主、取引業者はケースバイケース。会社が儲かっていてもいなくても、通常は、受け取る金額は変わりません。前払いで少額な取引なら決算書は気にしないことが多いでしょう。後払いで大きい金額で無担保無保証の取引になるほど、きちんと払ってもらえるか心配になりますので、決算書を確認することが多くなります。

PLの構造

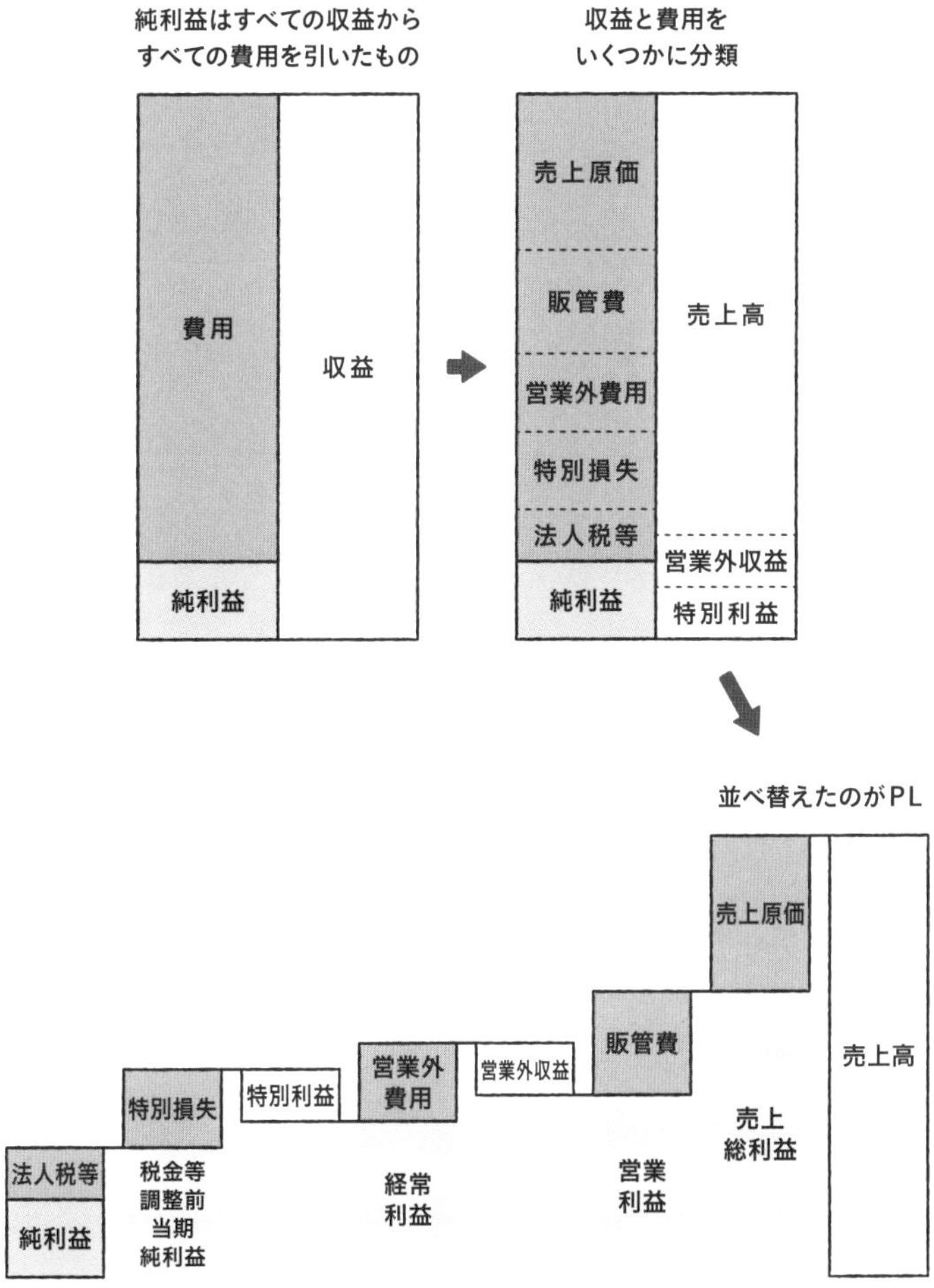
純利益はすべての収益から
すべての費用を引いたもの
費用
純利益
収益
収益と費用を
いくつかに分類
売上原価
販管費
営業外費用
特別損失
法人税等
純利益
売上高
営業外収益
特別利益
並べ替えたのがPL
法人税等
純利益
特別損失
税金等
調整前
当期
純利益
特別利益
営業外
費用
経常
利益
営業外収益
販管費
営業
利益
売上原価
売上
総利益
売上高

銀行は貸したお金を返してもらえないと困りますから、決算書に関心があります。

国や地方も決算書に関心があります。法人税はＰＬの利益をベースに計算します。法人税の申告書には決算書を添付しますし、税務署はきちんと申告しているか税務調査をすることもあります。

株主は決算書にもっとも関心があります。純利益がないと自分の取り分はありません。会社が将来にわたって純利益をあげることで、株主は儲けることができるのです。

給与と利益の関係

会社で働いている人は、自分の会社の決算書に関心がないことも多いものです。会社の業績と自分の給与は関係がないと思っている人も多いでしょう。

ただ、給与などの人件費は、会社の費用です。製造部門の人件費は売上原価に、販売部門・管理部門の人件費は販管費に計上されています。

会社が人件費を増やせば利益は減り、人件費を減らせば利益は増えるという関係にあります。

ということは、給与の高い会社は利益が少なく、給与の低い会社は利益が多いように思うかもしれません。

１人当たり営業利益が大きいほど１人当たり給与が高い

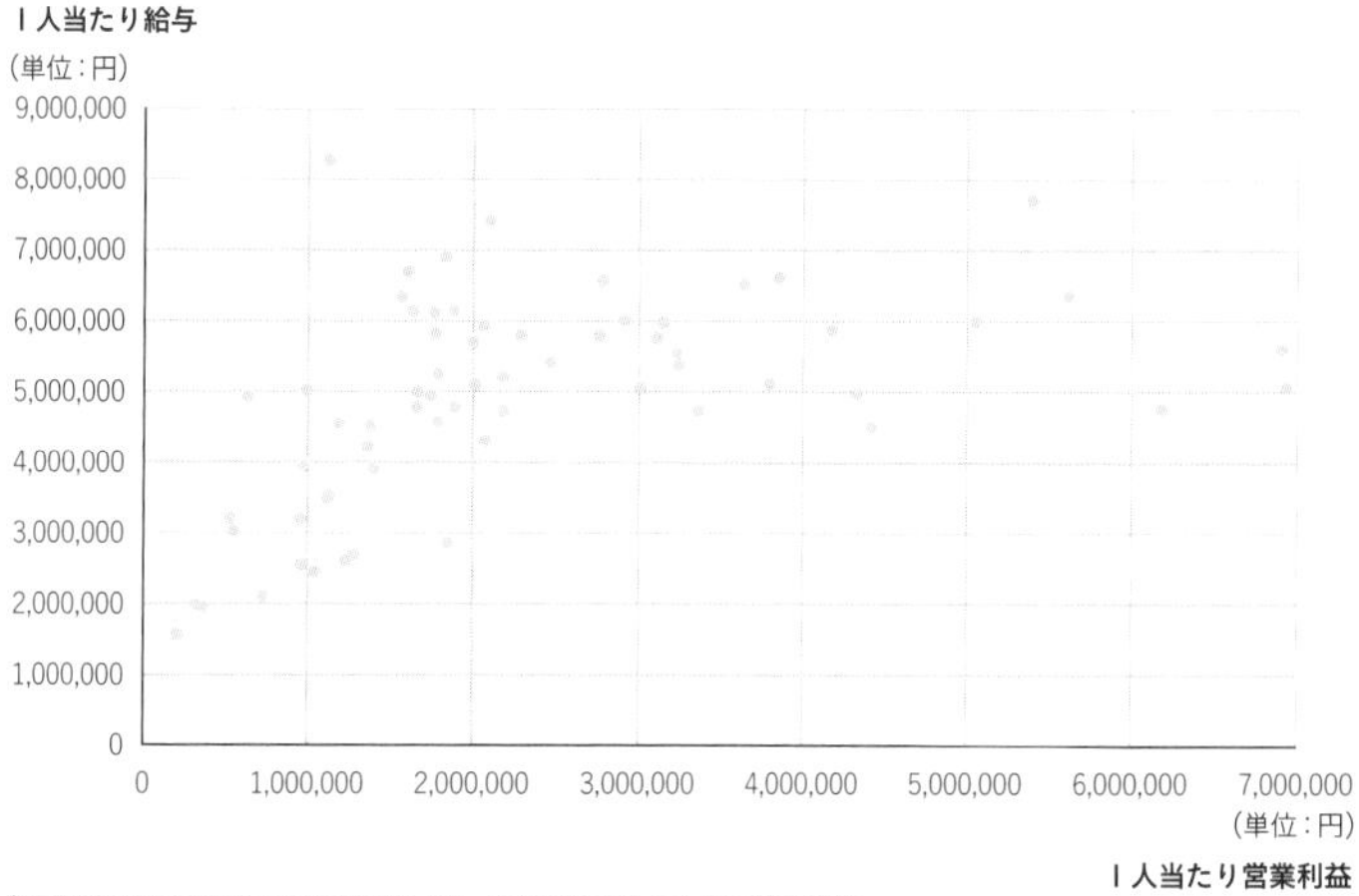

（経済産業省の企業活動基本調査より、産業別の1社あたりの付加価値、
労働分配額〈給与〉、常時従業者数を用いて著者作成。
なお、給与には、基本給である給料のほか、賞与、手当、残業代なども含まれる）

でも、実は、実際は逆です。

一人当たりの営業利益と一人当たりの給与を計算してみると、**一人当たりの営業利益が大きいほど、一人当たりの給与が大きいという傾向があります。**

給与が安い会社というと、ブラック企業で、社員が搾取されて会社だけが儲けているイメージもあるかもしれません。そういう会社もあるとは思いますが、全体で見ると、そういう会社は少なく、給与が安い会社は利益も少ないのです。

会社は、大きな視点でとらえると、株主と社員が協力して価値を産みだしているという見方もできます。

株主はお金を提供し、社員は労働力を提供します。そして株主と社員で、産み

パイが小さいと分け前も小さい

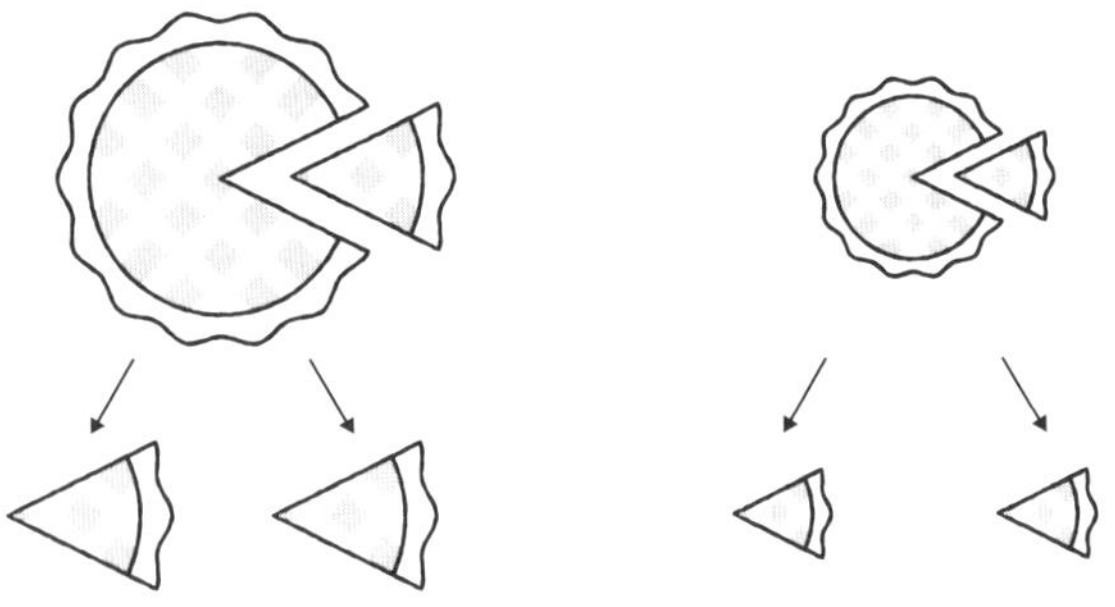

付加価値の大きい会社は
利益・給与ともに多い

付加価値の小さい会社は
利益・給与ともに少ない

だした付加価値を分け合います。株主には利益、社員には給与です。

一般的な傾向としては、付加価値が大きい会社は利益も給与も大きく、付加価値が小さい会社は利益も給与も小さいのです。

「頑張って働いても給料が増えない」と感じている人もいますが、付加価値が小さい会社なのかもしれません。身もふたもない言い方をしてしまえば、働く一社員の立場で努力しても、付加価値を大きくするのは難しいことが多いでしょう。

付加価値の小さい会社は、給料をあげようにもあげられないのが実態です。

就職・転職するときの決算書の読み方

就職や転職にあたって、その会社の決算書を見ることなく、会社を決める人も多いものです。時給で短期間働くのならそれでも構わないでしょう。ただ、長期間働くなら、会社の決算書に関心をもったほうがいいように思います。

もし、1億円のお金をもっていて、株を買うことになったら、勉強したり調べたりするでしょう。1億円で株を買うと、配当金は1年で100万円とか200万円といったところです。

普通にフルタイムで1年間働く人の年収のほうがずっと大きいのです。

株はお金の投資ですが、就職は自分の投資です。就職や転職の際は、少なくとも、1億円の株を買うとき以上に、決算書も見てもいいのではないかと思います。

就職するときは、就職時点での給与条件ははっきりしていますが、入社後、どれだけ増えるかはわかりません。どの会社も、「がんばれば増える」と言うでしょう。でも、付加価値が小さい会社では、がんばっても給料が増えにくいことが多いのです。

もちろん、付加価値の小さい会社、給料の低い会社で働くことは、悪いことではありません。自分のやりたい仕事だったり、能力を磨くことができたり、職場環境や人間関係などに恵まれたりしていて、働き甲斐をもって働けるのであれば幸せなことです。

ただ、給料を重視するのであれば、付加価値の大きい会社、利益の大きい会社のほうが恵まれやすいともいえます。**就職・転職にあたっては、営業利益がしっかり出ている会社かどうか、確認しておいたほうがいいでしょう。**

また、会社の成長性も重要です。**会社が成長すれば、利益が増え、給料が増える可能性が高まります。**

会社の成長性は、仕事のやりがいとも関係しています。

仕事を通して成長したいという人には、会社も成長しているほうがいいでしょう。会社が成長すると、新しい店舗や営業所ができて、新しいポストが増えます。また、社員も増えますので、年月が立つと、後輩が増え、部下が増える可能性が高く、自分も成長する機会が多くなるでしょう。

一方、変化を望まず、成長よりも安定のほうが大切だという人には、成長しない会社のほうがいいでしょう。成長しない会社はポストが増えることもなく、社員が増えることもありません。同じ社員で同じ仕事を続けることができます。

キーエンス ――会社の稼ぎと社員の稼ぎ

キーエンスは、ファクトリー・オートメーション（FA）用センサーを開発・販売している会社です。企業向けの商品を扱っているので、一般消費者にはあまりなじみがないかもしれません。

有価証券報告書には従業員の平均年収も開示されていますが、キーエンスは、全上場企業の平均年収ランキングでの上位の常連の会社としても知られています。

2021年3月期の平均年収は1752万円でした。

営業利益率はなんと50％以上。粗利率ではなく営業利益率が50％以上なのですから、ものすごい高収益です。

社員の稼ぎも、会社の稼ぎもどちらも高い。キーエンスがかかげているコーポレートポリシーの1つ目は「最小の資本と人で最大の付加価値をあげる」です。「お客様第一主義」をトップにかかげる会社は多いですが、いきなり「付加価値」という会社は他では聞いたことはありません。

キーエンスの主力商品は、生産現場の生産効率をあげるようなセンサーで、これを、代理店などは使わずにお客さんに直販しています。キーエンスの営業マンは、みずからお客さんのところに出向き、お客さんの問題解決につながる提案をするコンサルティング営業をしています。

付加価値の高い開発・販売に集中して高い利益率

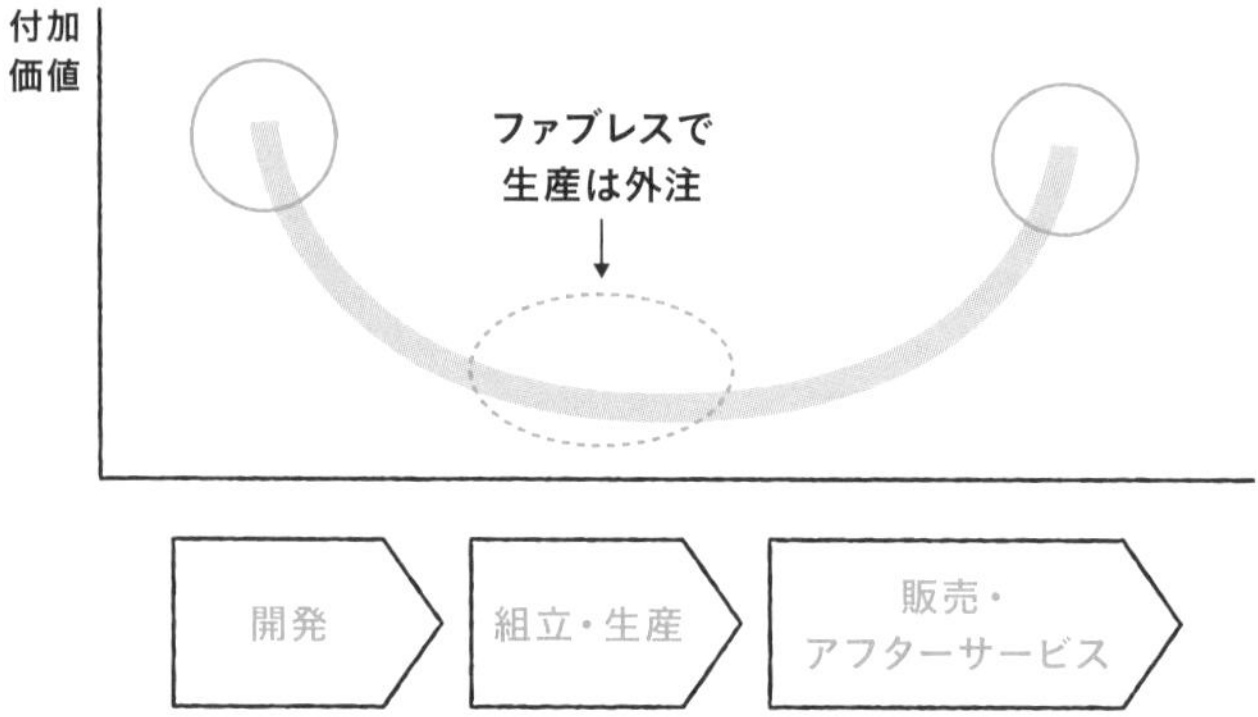

商品の約7割が世界初、業界初。お客さんのほうも、生産効率があがるという目に見えた効果がわかるから導入するのです。

キーエンスは、工場をもたないファブレスメーカーです。生産は協力工場に外注しています。

スマイルカーブという考え方があります。電子産業などグローバル化が進むなか、開発、生産、販売という流れのなかで、生産の付加価値が下がり、開発と販売の付加価値が高くなっています。**キーエンスは開発と販売に集中することで、高い付加価値を実現しているのです。**

また、キーエンスは、たびたび決算変更をする会社としても知られています。2010年以降では、2013年3月期、2016年3月期、2017年3月期に、いずれも1年を3カ月と9カ月に分ける決算期変更をしています。

キーエンスは高い営業利益率で成長を続ける

2013/3は2012年6月期（3カ月）と2013年3月期（9カ月）の合計
2016/3は2015年6月期（3カ月）と2016年3月期（9カ月）の合計
2017/3は2016年6月期（3カ月）と2017年3月期（9カ月）の合計

3カ月と9カ月に分けて、次の年はまた1年決算に戻しているのですが、このようなことをする理由は、法人税の節税です。

法人税の税率は、たびたび引き下げられていますが、下がった税率が適用されるのは、4月1日以降にスタートする決算期からです。

キーエンスは、3月21日決算ですので、1年決算だと、1年間は下がる前の税率になります。そこで、3カ月で決算期変更して、3カ月だけ下がる前の税率を適用し、あとの9カ月は下がった後の税率を適用できるようにしているのです。

利益額が大きいので、税率によるインパクトも大きいがゆえのことでしょう。

こういったところにも、合理性を重視している企業文化が感じ取れます。

サイバーエージェント——ABEMAは儲かるビジネスか?

サイバーエージェントは、1998年に藤田晋氏が設立した会社で、インターネット広告代理店最大手です。インターネットテレビのABEMAを運営しています。

インターネット広告事業、ゲーム事業、メディア事業の3つが主力事業で、ABEMAはメディア事業に含まれます。

決算数値から、どんなことが読み取れますか?

サイバーエージェントの主な決算数値

(百万円)

	売上高	営業利益	インターネット広告事業	ゲーム事業	メディア事業
2017/9	371,362	30,700	18,718	26,503	△18,585
2018/9	419,512	30,163	21,340	25,303	△17,764
2019/9	453,611	30,825	20,609	26,040	△17,838
2020/9	478,566	33,880	21,071	30,337	△18,267
2021/9	666,460	104,381	22,570	96,445	△15,141

ヒント　ABEMAは赤字です。すぐに撤退する必要はあるでしょうか。

2021年9月期は大幅な増収増益で、売上高は6700億円、営業利益は1000億円となりました。

私は、最初にぱっと決算書をみるときは、電卓は使いません。売上高6700億円の10％は670億円。これは暗算でできます。営業利益は1000億円で、これを上回っているので高収益だということがわかります。

事業別の営業利益を見てみると、稼ぎ頭はインターネット広告事業ではなく、ゲーム事業であることがわかります。

ABEMAを含むメディア事業は大きな赤字が続いています。決算書で数字に「△」がついているときはマイナスを意味します。ABEMAは2016年にAbemaTVとして開局し、2021年には開局後5年が経ちましたが、先行投資が続いているのです。

他の事業が黒字なので、会社として今すぐにABEMAから撤退しないといけないという状況ではありません。サイバーエージェントの藤田社長は、将来の黒字化に自信をもっており、むしろ、他の事業が厳しくなって、ABEMAに投資できなくなることに危機感を持っているそうです。

インターネット広告は、市場は成長しているものの競争も激しい市場。ゲームは長期的に安定させるのは難しい市場。

ネットの動画も競争は激しいものの、オリジナルのコンテンツで差別化できる可能性のある市場です。ここで新たな柱を築こうとしているのです。

広告代理店業は、メディアの広告を売る販売業のビジネスです。広告代理店の会社がメディアを持つということは、売るものも自分で持つということ。いわば製造販売業になるわけです。ABEMAが収益化すれば、サイバーエージェントは、より強い会社になるでしょう。

これまで見てきたように、PLではいくつも利益を計算していますが、なかでも重要なのは、営業利益と純利益。営業利益が本業の利益で、純利益が最終的な利益。

ほかの利益を覚えるのは後回しでも構いません。

実務でPLを見るときも、売上高、営業利益、純利益だけを確認すれば十分ということもよくあります。

PLには、売上高、営業利益、純利益の3つがのっているということを頭にたたきこむことができたら、次の章に進みましょう。

PLは1年間の業績です。会社の収益性がわかる決算書ですが、安全性はわかりません。

次の章では、安全性がわかる決算書を見てみます。

第3章

持ち家と賃貸、どちらが得か？

——会社の倒産リスクを読む　貸借対照表（BS）

会社の倒産リスク

1

財産の状況は貸借対照表でわかる

経済力がある人というと、どういう人でしょうか?

経済力＝年収だと思う人もいるでしょう。

でも、年収だけで経済力が図れるかというと、そうでもありません。

どれだけ貯金があるかというのも、経済力と関係があります。同じ年収なら、貯金が多い人のほうが経済力は高いといえるでしょう。

いや、貯金だけでなく、車や家なども持っているほうが、経済力があるといえそうです。

一方で、車や家を持っていても、ローンを払い終えている人と、ローンが残っている人では、違ってきます。

財産については貯金・車・家のようなプラスのものとローンのようなマイナスのものがあることがわかります。

タロウ君は、50万円の預金があり、100万円の自動車をもっていて、ローンが70万円残っているとすると、次のような表にするとわかりやすくなります。

タロウ君の財産の状況

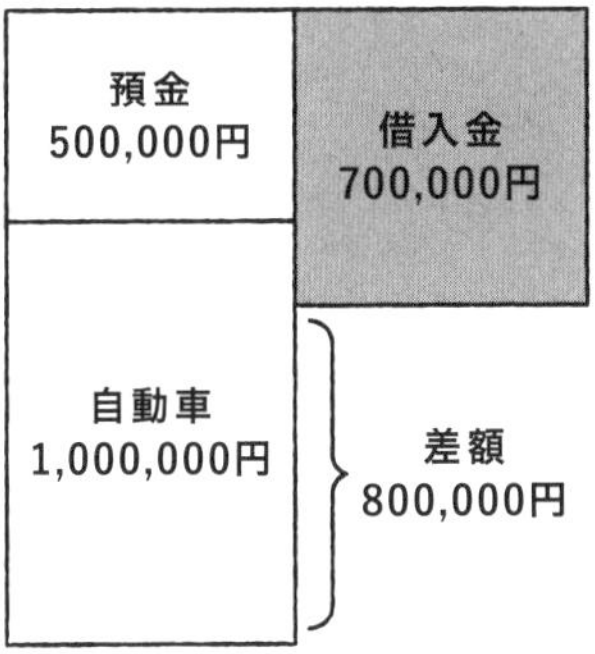

預金と自動車はプラス。借入金はマイナス。プラスからマイナスを差し引くと、差額が正味の財産になります。

このような考え方で作られるのが貸借対照表です。**貸借対照表は、財産の状況をあらわした決算書です。**英語ではBalance Sheetで、略してBSということが多いです。

会社の決算書では、BSとPLの2つが重要な決算書です。

PLはフロー、BSはストック

PLとBSには、フローとストックという違いがあります。

PLはフローで、BSはストックです。

お風呂でイメージするとわかりやすいかもしれません。

一定期間にお風呂に入ってくるお湯の量がフローでPL、一時点においてお風呂にたまっているお湯の量がストックでBSです。

個人でいうと、年収がフローで、貯金がストック。年収だけで経済力をはかれないように、会社の数字を見るときも、フローとストックの両方を見ることが必要です。

フローは期間の数字で、ストックは時点の数字です。

PLには、「2020年2月21日～2021年2月20日」というように、期間が書いてあります。

BSには、「2021年2月20日現在」というように、いつの時点のものなのか、日付が書いてあります。

ストックにはプラスのものとマイナスのものがあるので、BSは左右にわかれた表になっており、大きく3つの区分があります。

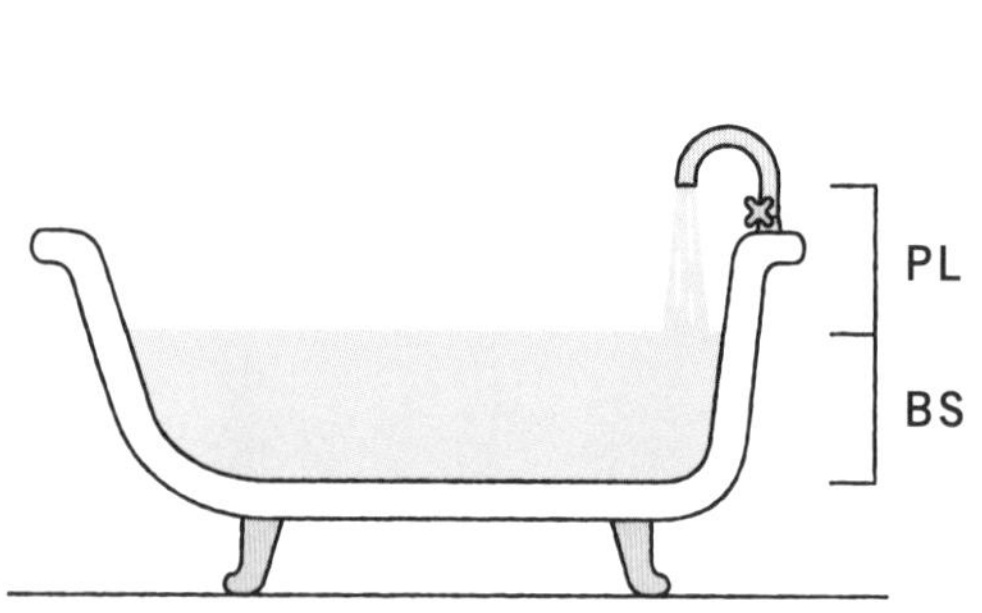

貸借対照表（BS）

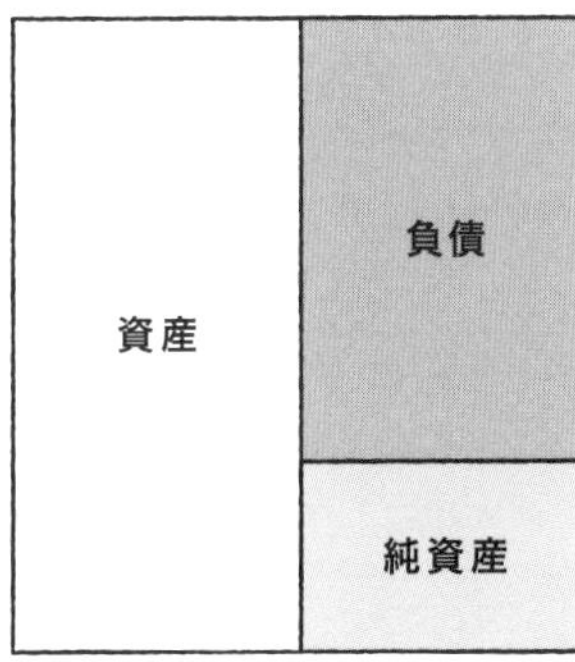

BSは、資産、負債、純資産の3区分で財産の状況をあらわしている

ＢＳの左側は、「**資産**」。現金とか自動車のようなプラスの価値がある財産です。

ＢＳの右側は上下にわかれます。右側の上が「**負債**」。ローンのようなマイナスのもの、つまり誰かに返さなくてはならないもの、支払わなくてはならないものです。

右側の下は「**純資産**」。資産から負債を引いたのを純資産といいます。純資産は、誰にも返済する必要のない正味財産です。

純資産 ＝ 資産 － 負債

この式は、常に成り立ちます。

とても重要な式なので、覚えてしまってください。

PLで重要な式は、「利益＝収益－費用」でした。

BSで重要な式は、「純資産＝資産－負債」です。

資産と純資産は「純」の一文字の違いだけですが、意味は全然違います。

会計で「純」というと差引後という意味です。純利益も「純」ですが、すべての費用を差し引いた利益ということですね。

「純資産＝資産－負債」ということは、資産＝負債＋純資産になります。BSの左が資産で、右が負債＋純資産だから、BSの左の合計と右の合計は必ず同じになります。


ニトリのBSを見てみましょう。

細かい数字がたくさん並んでいますが、PLを上から一行ずつ読むのではないように（↓34ページ）、BSも上から一行ずつ読むのではありません。まずは、３つの区分で大きく捉えましょう。

「資産合計」、つまり、総資産を見ると、９２７０億円です。「負債純資産合計」も９２７０億円。左右が同じ金額になっています。

負債は２４５２億円、純資産は６８１８億円です。資産＝負債＋純資産になっているのがわかります。

ニトリホールディングス　連結貸借対照表

2021年2月20日現在

（単位：百万円）

資産の部		**負債の部**	
流動資産		流動負債	
現金及び預金	158,577	支払手形及び買掛金	44,554
受取手形及び売掛金	37,806	短期借入金	48,715
有価証券	7,791	リース債務	1,570
商品及び製品	76,133	未払金	33,512
仕掛品	200	未払法人税等	30,351
原材料及び貯蔵品	4,403	賞与引当金	5,120
その他	17,843	ポイント引当金	2,669
貸倒引当金	△5	株主優待費用引当金	463
流動資産合計	302,750	その他	39,388
固定資産		流動負債合計	206,345
有形固定資産		固定負債	
建物及び構築物	174,644	長期借入金	2,000
機械装置及び運搬具	3,623	リース債務	5,875
工具、器具及び備品	9,124	役員退職慰労引当金	228
土地	257,012	退職給付に係る負債	5,186
リース資産	2,194	資産除去債務	14,608
使用権資産	3,673	その他	10,945
建設仮勘定	9,762	固定負債合計	38,844
有形固定資産合計	460,034	**負債合計**	**245,190**
無形固定資産			
のれん	31,665		
ソフトウエア	9,296		
ソフトウエア仮勘定	517	**純資産の部**	
借地権	7,178	株主資本	
その他	89	資本金	13,370
無形固定資産合計	48,748	資本剰余金	26,255
投資その他の資産		利益剰余金	612,082
投資有価証券	25,727	自己株式	△8,971
長期貸付金	665	株主資本合計	642,737
差入保証金	19,858	その他の包括利益累計額	
敷金	28,945	その他有価証券評価差額金	690
繰延税金資産	25,389	為替換算調整勘定	△1,122
その他	14,999	退職給付に係る調整累計額	△208
貸倒引当金	△72	その他の包括利益累計額合計	△640
投資その他の資産合計	115,514	非支配株主持分	39,760
固定資産合計	624,297	**純資産合計**	**681,857**
資産合計	**927,048**	**負債純資産合計**	**927,048**

（注）同社有価証券報告書、定時株主総会収集通知を参照して著者作成。

会社の倒産リスク 2

会社の安全性はどうわかる？

BSは、右がお金の集め方（資金調達）、左がお金の使いみち（資金運用）をあらわしています。

タロウ君のBS（↓93ページ）の右を見ると、借入金70万円、純資産80万円で合計150万円の資金調達。80万円の純資産は、コツコツと給料から生活費を使った残りをためたのでしょう。自分で稼いでためたのも資金調達です。

この150万円が元手で、それをどのように使っているかはBSの左側。預金50万円、自動車100万円。

資金調達と資金運用は同じ金額になるので、BSは左右が同じ金額です。

資金調達について、返済が必要かどうかでわけたのが負債と純資産の違いです。負債は返済が必要で、純資産は返済不要です。

株式会社の場合、通常、純資産のほとんどは、「**株主資本**」です。

BSはお金をどう集めてどう使っているかをあらわしている

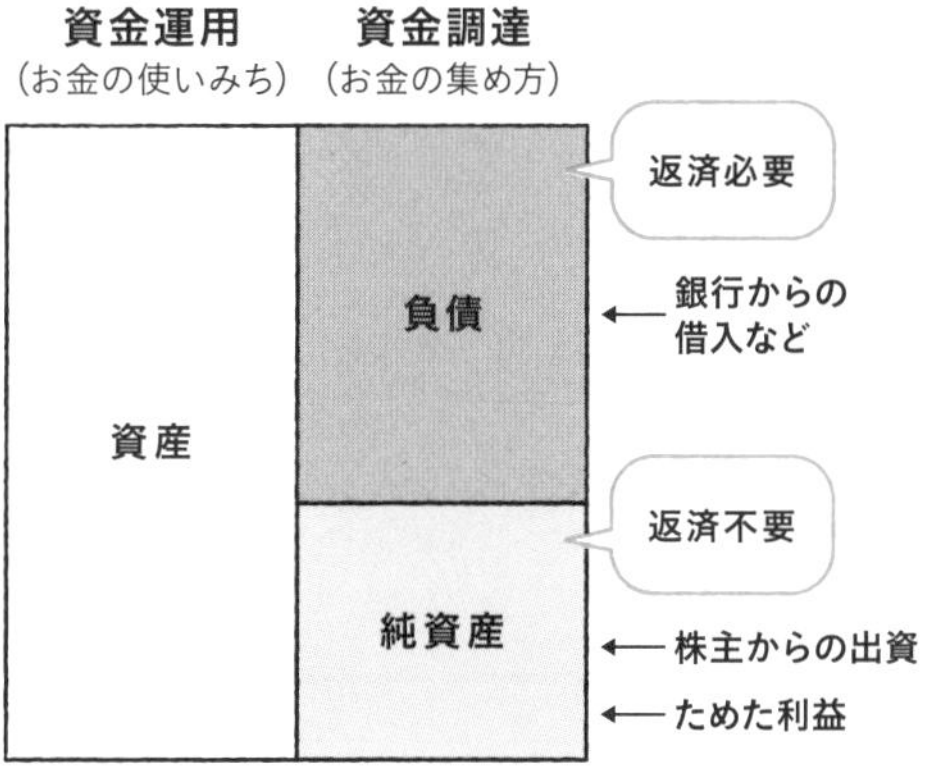

株式会社は、株主が会社に現金を出資して設立されます。設立後、増資といって、追加的に出資をすることもあります。

株主からの出資は、返済不要な資金調達であり、純資産になります。ＢＳでは純資産のなかの「資本金」「資本剰余金」として計上されます。

また、タロウ君の純資産は自分で稼いでためたものでしたが、会社の場合も、**ためた利益は純資産になります。**これはＢＳで「利益剰余金」として計上されます。

「利益」はＰＬの用語ですが、「利益剰余金」はＢＳの用語です。ちょっとややこしいですね。

ニトリのＢＳを見ると、純資産６８１８億円のうち、株主資本が６４２７億円。株主資本のうち利益剰余金が６１２１億円で、これまでにためた利益が純資産の多くをしめていることがわかります。

なお、「資本金」とか「利益剰余金」というお金がどこかにあるわけではありません。お金なら資産なのでBSの左側ですが、資本金や利益剰余金はBSの右側の純資産です。純資産は、資産と負債の差額であり、何か実体があるわけではありません。

どのようなときに資産と負債の差額がうまれるのでしょう。株主からの出資があったときは現金が増えるので差額がうまれます。これが資本金、資本剰余金。利益がたまったときも差額がうまれます。これが利益剰余金です。

純資産が多いほうが会社は安全

どのように資金調達をするかは、会社の倒産リスクと関係があります。

会社は、支払わなくてはいけないものが支払えなくなると倒産してしまいます。

負債は返済が必要で、純資産は返済が必要ありませんから、**負債が大きければ大きいほど、倒産する可能性が高く、純資産が大きければ大きいほど、倒産する可能性は低いのです。**

そこで、会社の安全性を見る指標として、**自己資本比率**という指標が使われています。自己資本比率は、純資産の総資産に対する比率です。

自己資本比率が高いほうが安全

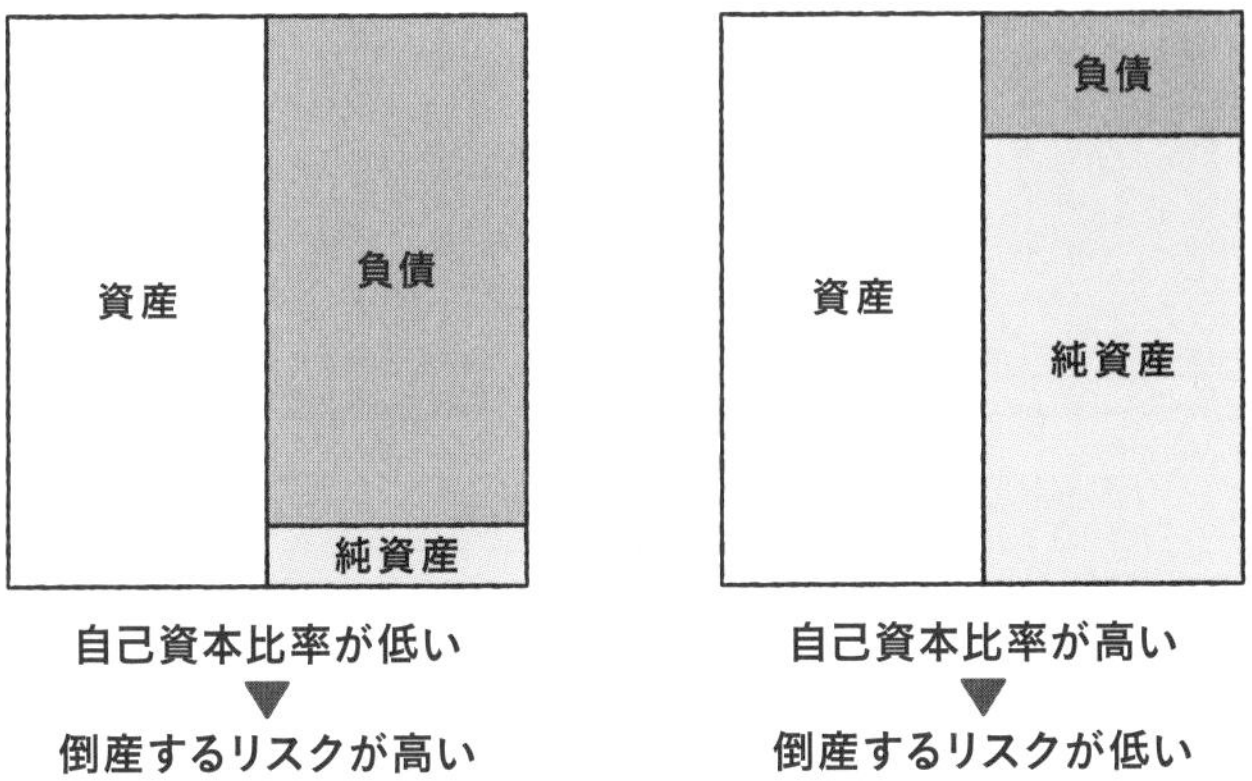

自己資本比率 ＝ 純資産 ÷ 総資産

なお、自己資本比率は、正確には、その名の通り、自己資本という金額を算出して計算するのですが、通常は、自己資本と純資産はほとんど同じなので、この本では純資産を使うことにします。最初は、細かい定義よりも考え方を知ることを優先しましょう。

自己資本比率が高いほど、会社は安全です。自己資本比率の目安は30％です。10％を下回ってくると、リスクが高いでしょう。

ただ、業種によっても違います。特に金融業は、資産、負債がともに大きくなり、自己資本比率が10％を下回るのも普通です。

ニトリの自己資本比率を計算すると、6818億円÷9270億円で73・6％となり、安全性が高いことがわかります。

任天堂　――ゲーム会社の天国と地獄

任天堂は、業績の変動がとても大きい会社です。

ヒット商品があれば業績は大きく伸びます。

ゲーム機やゲームソフトは、開発するのにお金がかかります。開発にかかったお金は、開発した期の費用として計上されます。発売前に、費用がかかってしまうのです。そして、発売されたあとは、材料費はあまりかかりませんから、粗利率は高くすることができます。ヒット商品になると、売れれば売れるだけ儲かりやすいのです。

ただ、ヒット商品を出してもお客さんは飽きてしまうので、売れるのも長続きしません。任天堂のゲーム機は、発売から数年でピークとなり、その後減っていく場合が多く、そこで新商品を出すことが繰り返されています。

過去最高の売上高を計上したのは２００９年３月期。Ｗｉｉが大ヒットして、売上高１兆８０００億円、純利益２８００億円となりました。

その後業績は下降し、２０１２年３月期には赤字となります。２０１２年発売のＷｉｉＵの売れ行きは伸びず、２０１７年３月期の売上高は５０００億円を下回りました。スマホゲームにお客さんを奪われてしまったのです。

業績が低迷しても研究開発費は減らしませんでした。２０１７年に携帯型ゲーム機としても

任天堂は業績のぶれが大きい

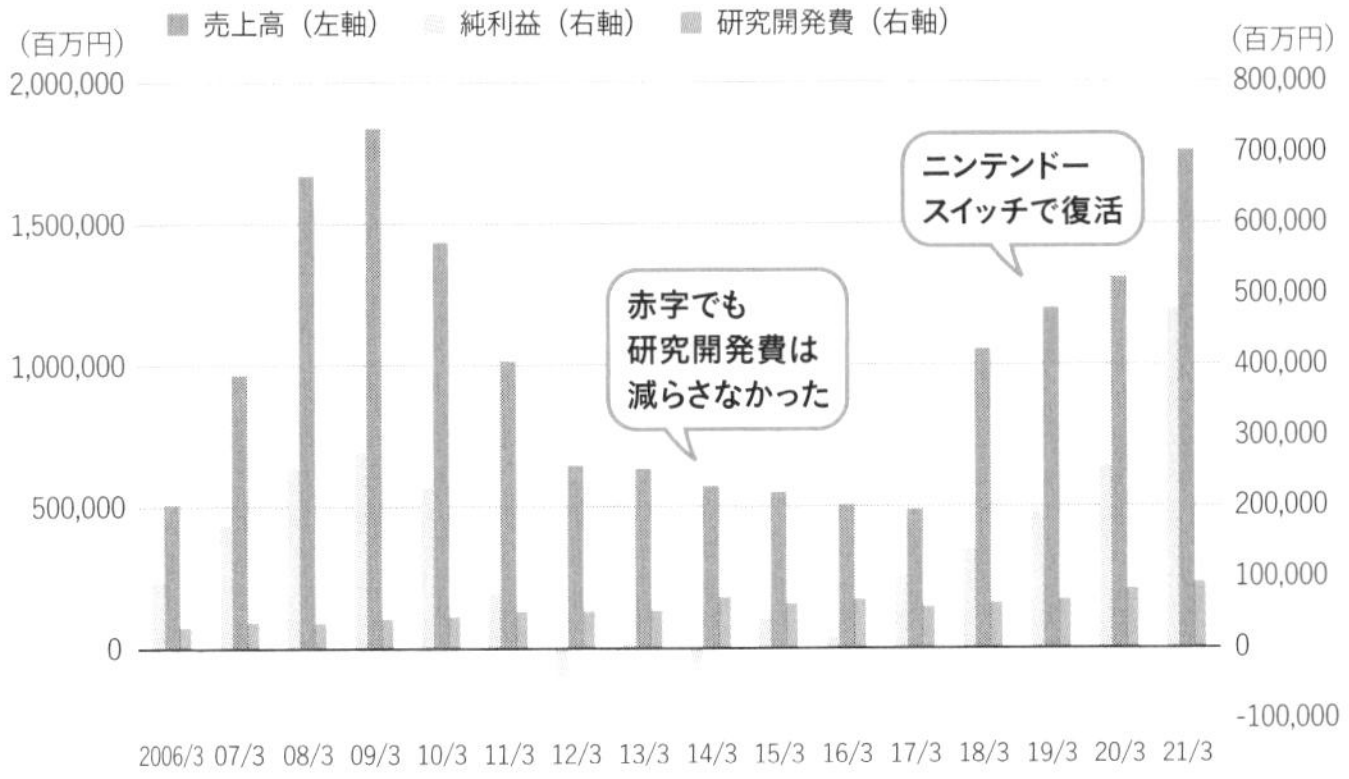

据え置き型ゲーム機としても遊べるニンテンドースイッチを発売して、息を吹き返します。2021年3月期は「あつまれ どうぶつの森」が大ヒット。コロナ禍による巣ごもり需要もあり、売上高は1兆8000億円、純利益は過去最高の4800億円となりました。

任天堂の3代目社長山内《やまうち》溥《ひろし》氏は、「この業界にあるのは天国と地獄だけ。中間はない」と言っていたそうです。

業績の変動が大きいということは、リスクに備える必要性が高く、自己資本比率を高くする必要があります。

2021年3月末の自己資本比率は76・6%と高い水準になっています。

会社の倒産リスク 3

BSとPLはつながっている

フローがつみかさなってストックになります。お風呂にお湯を入れると（＝フロー）、お風呂のお湯の量（＝ストック）が増えるのです。

子どものころ、お小遣い帳をつけたことのある人も多いでしょう。

先月末、貯金箱に入っていた貯金は４００円。

今月、お小遣いを５００円もらって、３００円を使った。

だから、今月末、貯金は２００円増えて、６００円。

４００円というストックに、２００円のフローがつみかさなって、６００円のストックになります。

これと似たような関係がＰＬとＢＳにもあります。ＰＬがフローで、ＢＳがストックです。

売上のように、**資産が増える取引は、ＰＬの収益になります。**

給料のように、**資産が減る取引は、ＰＬの費用になります。**

収益より費用が多ければ、純利益が計上されて、純資産が増えるのです。

フローのつみかさねがストック

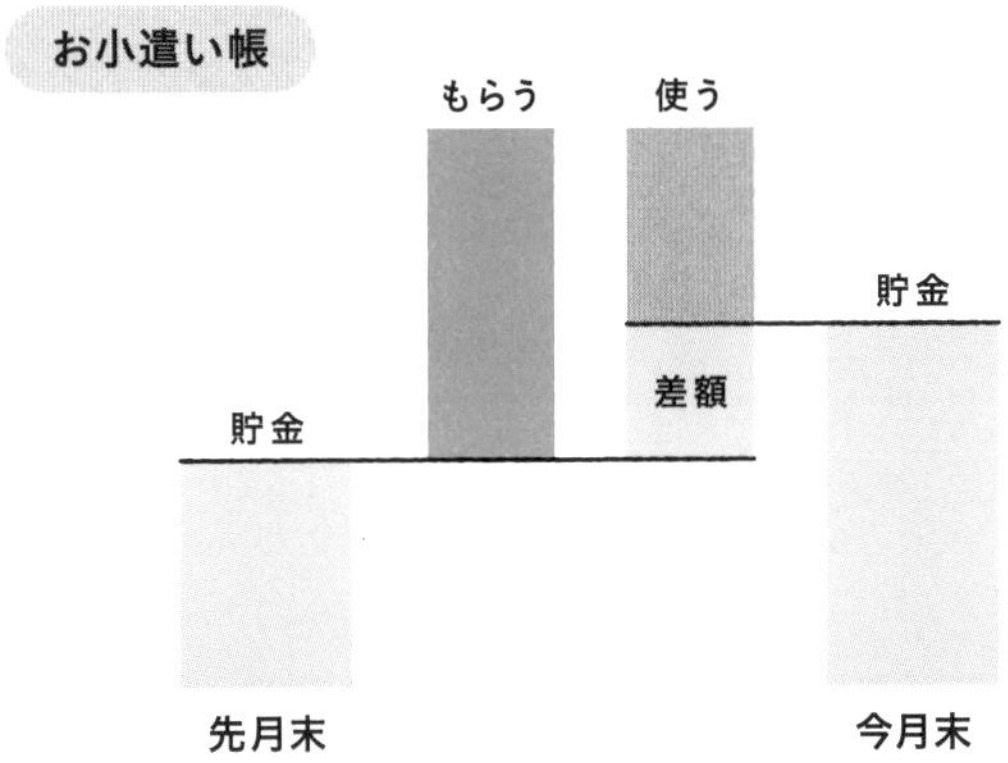

もらったお金と使ったお金の差額分、貯金が増える

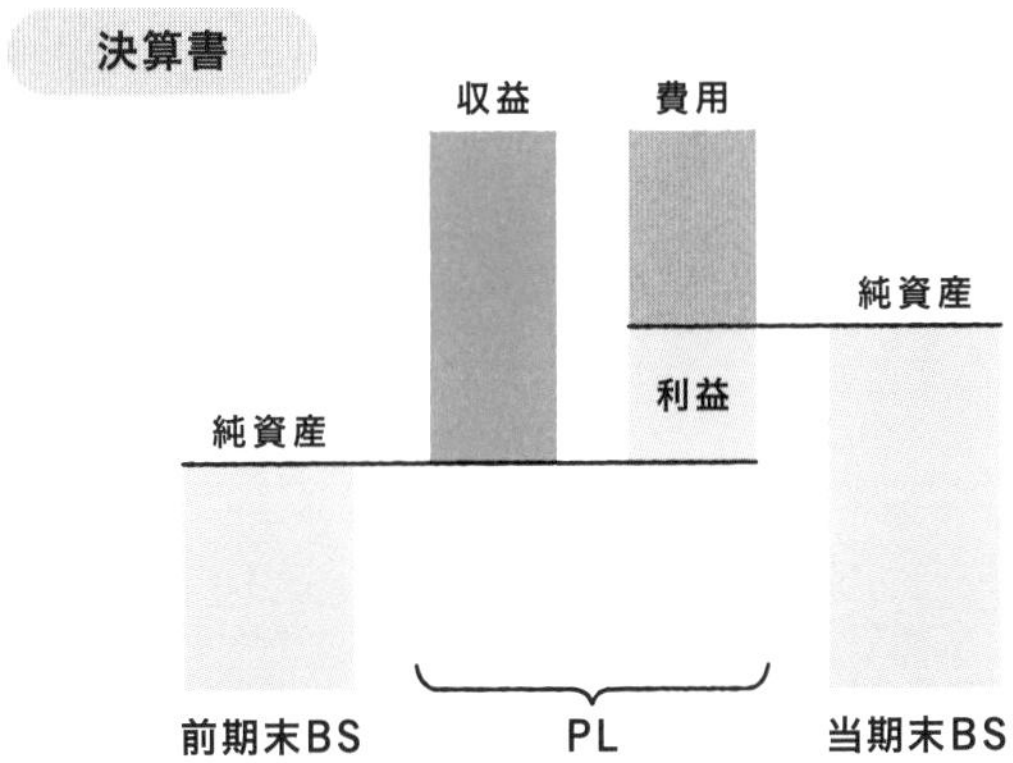

収益と費用の差額(利益)分、純資産が増える

前期末、純資産は400億円。

当期の収益が500億円で費用が300億円なら、純利益は200億円。

純資産は200億円増えて、600億円。

400億円というストックに、200億円のフローがつみかさなって、600億円のストックになります。


フローがつみかさなってストックになるのは、お小遣い帳も決算書も同じです。違うのは、お小遣い帳の残高は現金だけなのに対し、決算書にはさまざまな資産・負債の残高があるという点です。


現金が増えなくても、資産が増える取引であれば、PLで収益が計上されます。

たとえば、代金を後日受け取るような売上取引では、商品を引き渡した時点では現金は増えません。でも、「代金を受け取る権利」が手に入ります。これを**売掛金**《うりかけきん》といいますが、現金が増えなくても、売掛金という資産が増えて、売上が計上されます。


会社で多い取引は、負債が変わらずに「資産が増えて収益」と「資産が減って費用」の2つのパターン。

収益性と安全性は関係している

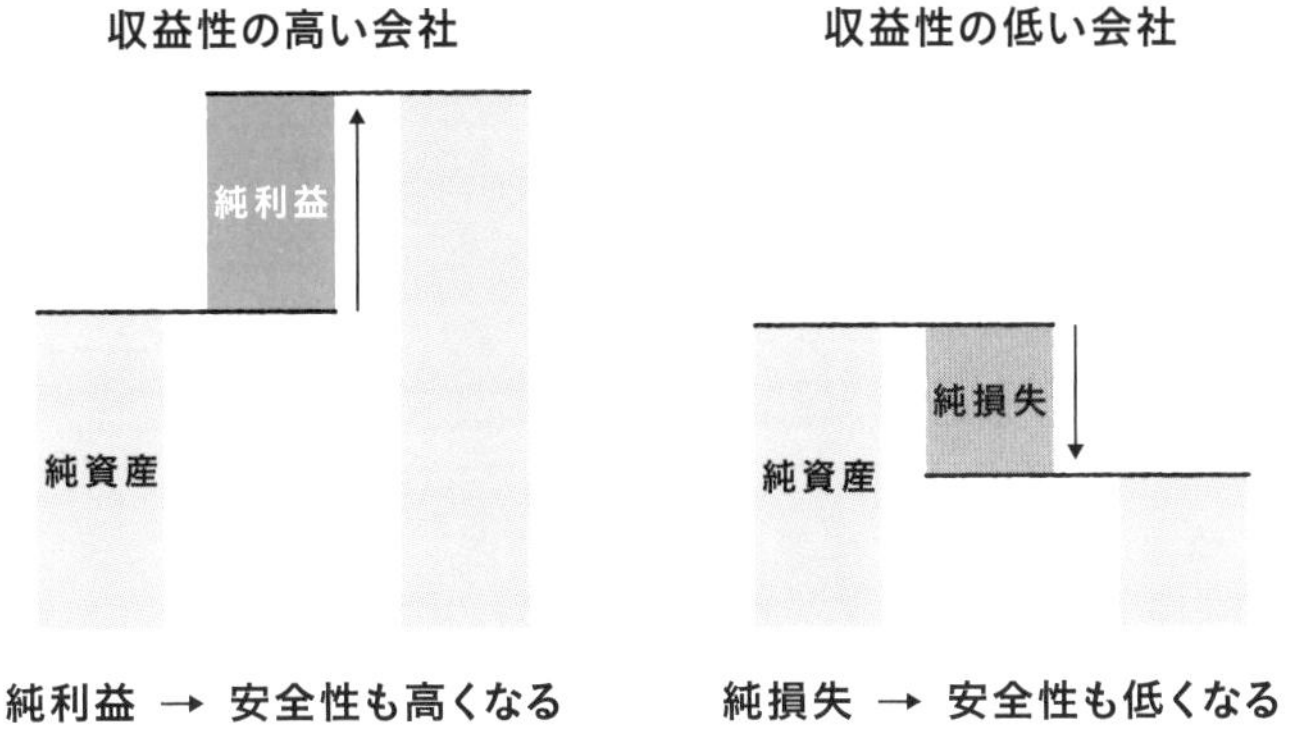

会社はさまざまな取引をしていますので、他のパターンもあります。そういったさまざまな取引を会計処理することで決算書を作る方法が簿記です。

ただ、決算書を作ることと読むことは違います。決算書を読めるようになるために、簿記をマスターする必要はありません。簿記３級に受かろうとするだけでも数十時間の勉強が必要だといわれています。

ここでは、資産が増えると収益、資産が減ると費用ということをおさえておくといいでしょう。収益と費用の差額である純利益が純資産の増加になることが理解しやすくなるかと思います。

逆に、純損失を計上すると純資産は減ります。

このように、会社のＢＳとＰＬはつながっていますので、会社の安全性と収益性もつながっています。

収益性が高く、多くの純利益を計上すると、純資産が増え、安全性が高くなります。

安全性が高い会社というのは、それまでに利益を計上してためてきた会社が多いのです。

逆に、収益性が低く、純損失を計上すると、純資産は減り、安全性も下がってしまいます。

増資や純利益の計上で、純資産は増える

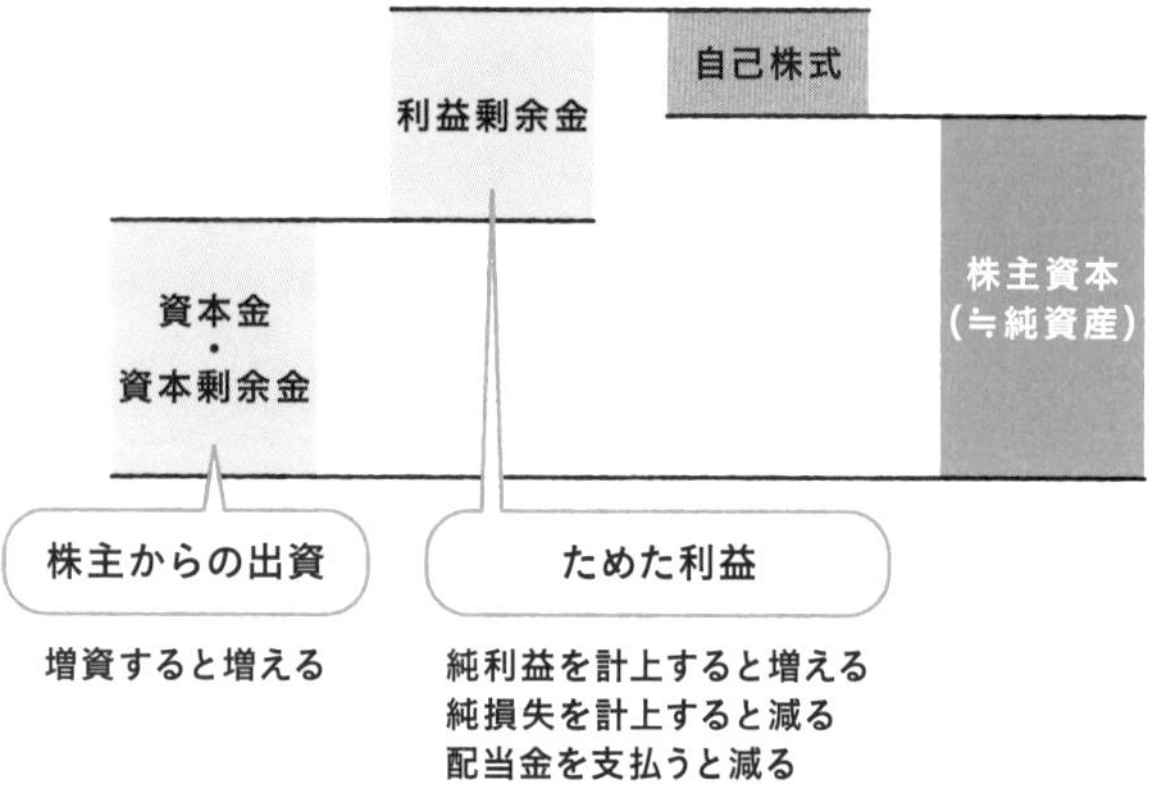

株主との取引でも純資産は変わる

会社が株主と取引をした場合は、収益・費用にはなりません。でも、純資産は変わります。

会社が増資（→99ページ）をして、株主からの出資を受け入れると、純資産は増えます。

配当金や自社株買いによって、株主への支払いがあると純資産は減ります。

債務超過とはどのような状態か？

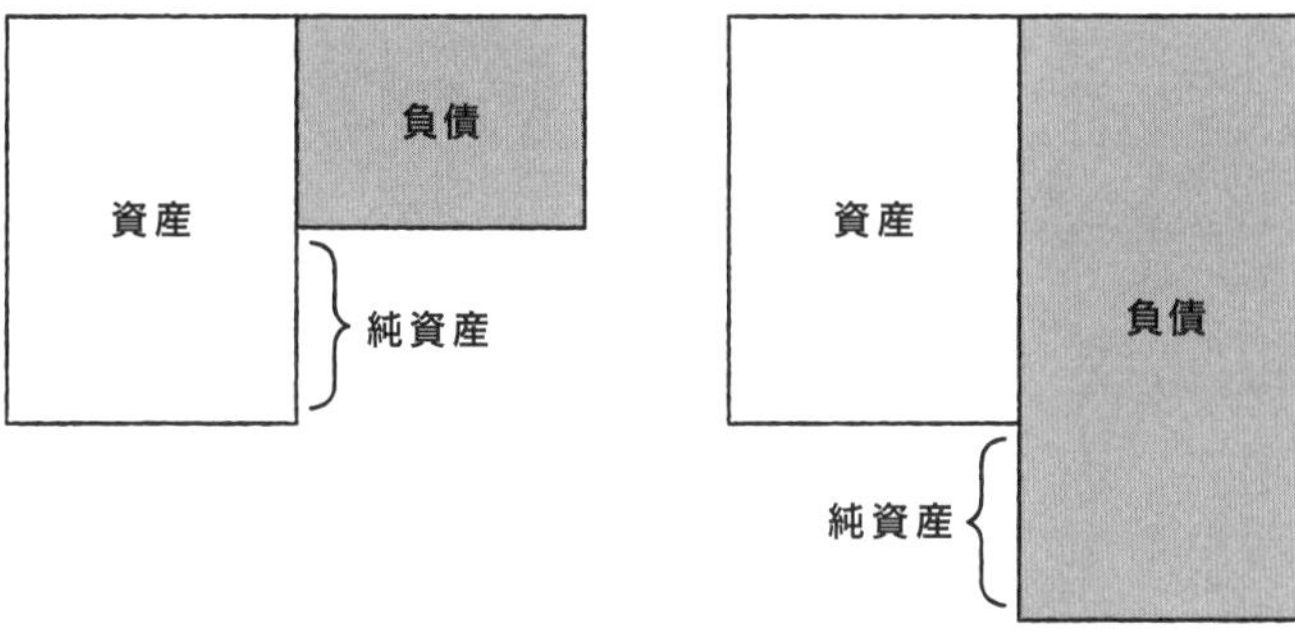

通常は、資産＞負債　　資産＜負債になると債務超過

自社株買いというのは、たとえば、ＮＴＴがＮＴＴの株式を買うことです。会社が株式を取得して現金を支払うという取引は、増資とは逆の取引になりますね。

自社株買いをすると、ＢＳでは「自己株式」として表示され、純資産のマイナス項目になります。

債務超過

純資産が減った結果、純資産がマイナスになる場合があります。資産より負債のほうが多くなるのです。これを**債務超過**といいます。

かりにＢＳに計上されている資産をすべて同額の現金に変えて負債の返済にまわしても、負債をすべて返済できないということなので、危険な状態であることが多いです。

東芝 ——いかにして債務超過から立ち直ったのか？

東芝は、不正会計問題や原子力事業の損失により2015年3月期から3期連続で純損失を計上し、2017年3月末に3000億円の債務超過になりました。

上場企業は、2年連続で債務超過だと上場廃止になっていまいます。

東芝は、次の期までに債務超過を脱すべく、手を打ちました。債務超過を解消するには純資産を増やさなくてはなりません。どうしたでしょうか。

東芝は、まず、純利益を計上することを考えました。といっても、普通に経営していて計上できる利益では、多額の債務超過を解消することはできません。

そこで、事業を売却することを考えました。それも、東芝の中核事業の1つであるメモリ事業の売却です。メモリ事業を売却すれば、1兆円以上の売却益を計上することができ、債務超過を脱することができます。2017年9月には投資ファンドと売却契約を締結しました。

ただ、売却には各国当局の承認が必要です。承認が間に合わないと売却は実行できません。

そこで、東芝は、確実に債務超過を解消するため、増資により純資産を増やすことにしました。

といっても、経営の危機にある東芝の増資を引き受ける投資家も簡単には見つかりません。

増資を引き受けたのは海外の投資家でした。カネも出すけど、クチも出す、いわゆる「物言

東芝は増資と事業売却で債務超過を脱した

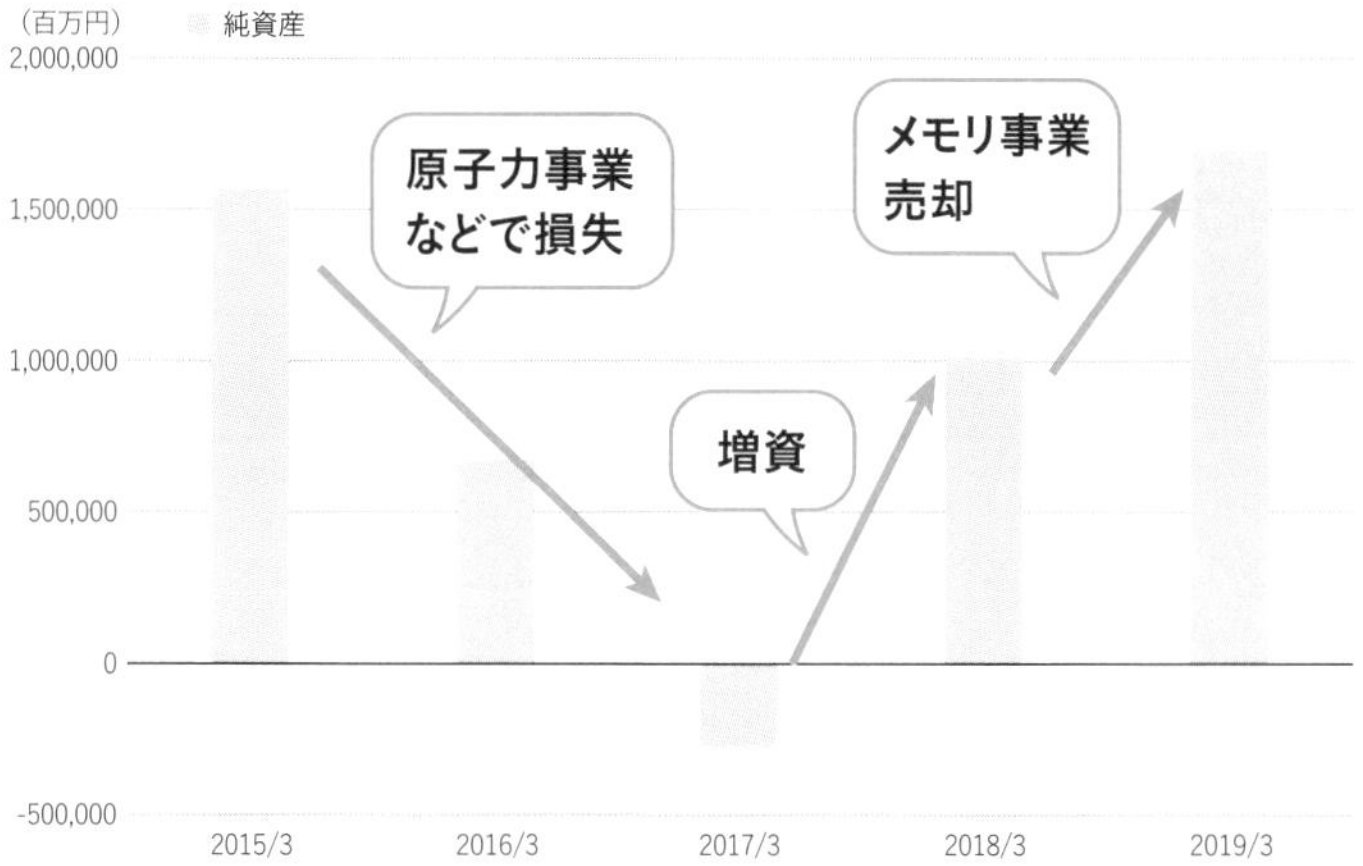

う株主」です。この増資のために260億円もの発行費用をかけ、6000億円の増資に成功し、債務超過を脱することができました。

メモリ事業の売却は2018年3月期には間に合わなかったのですが、翌期には実現して1兆円の売却益を計上しました。

同じころ、パソコン事業も売却しました。東芝は、世界ではじめてラップトップパソコンを発売し、ノートパソコンで世界一の座を続けていたこともありました。「ダイナブック」というほうがピンとくる人もいるかもしれないですね。

東芝は、かつては、企業向けも消費者向けもてがける総合電機メーカーでしたが、多くの事業を売却し、今は、重電・インフラ機器主体のメーカーとなりました。

会社の倒産リスク 4

借金経営のススメ

負債が多いと安全性は低くなりますが、どのような場合も負債は少ないほうがいいというわけではありません。

株主から見ると、負債は悪いものではなく、むしろ、有効活用すべきものです。

金のニワトリというたとえで考えてみましょう。

金のニワトリは、1羽100万円。毎年金の卵を産み、金の卵は10万円で売れるとします。

自由に使えるお金が100万円あって、この金のニワトリを買ったとしましょう。100万円投資して10万円のリターンですから、利回り10%。銀行預金よりずっと魅力的ですね。

さて、もし2%の金利でお金を借りられるとしたら、借りてでも、もっと金のニワトリを買ったほうがいいでしょうか？

100万円借りて、もう1羽買ったら、金のニワトリが2羽で、毎年20万円のリターン。支払う金利は2%で2万円なので、差額は18万円の儲けです。

つまり、借金して買ったほうが、利益を増やすことができます。

借金したほうが儲かる

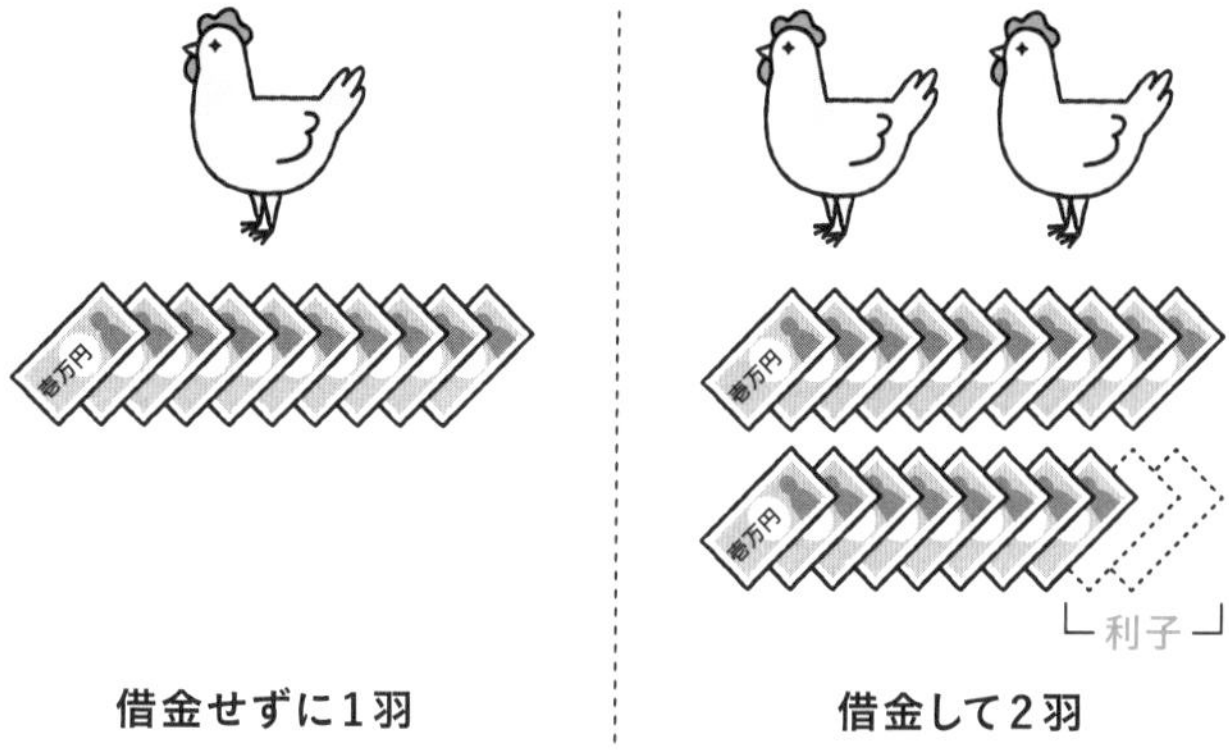

自分のお金だけで事業をやるより、お金を借りて事業をやったほうが、大きな事業展開をすることができ、利益を増やすことができるのです。

「借金＝悪」と思っている人も多いですが、株主からすると、負債は決して悪いことではなく、有効活用すべきものです。逆に、無借金経営で、負債を活用しないのは、株主にとって望ましいことではありません。

負債を活用することで、少ない純資産で多くの総資産をもつことができます。

総資産と純資産の比率を**財務レバレッジ**といいます。

財務レバレッジ ＝ 総資産 ÷ 純資産

レバレッジは「てこ」という意味です。てこ

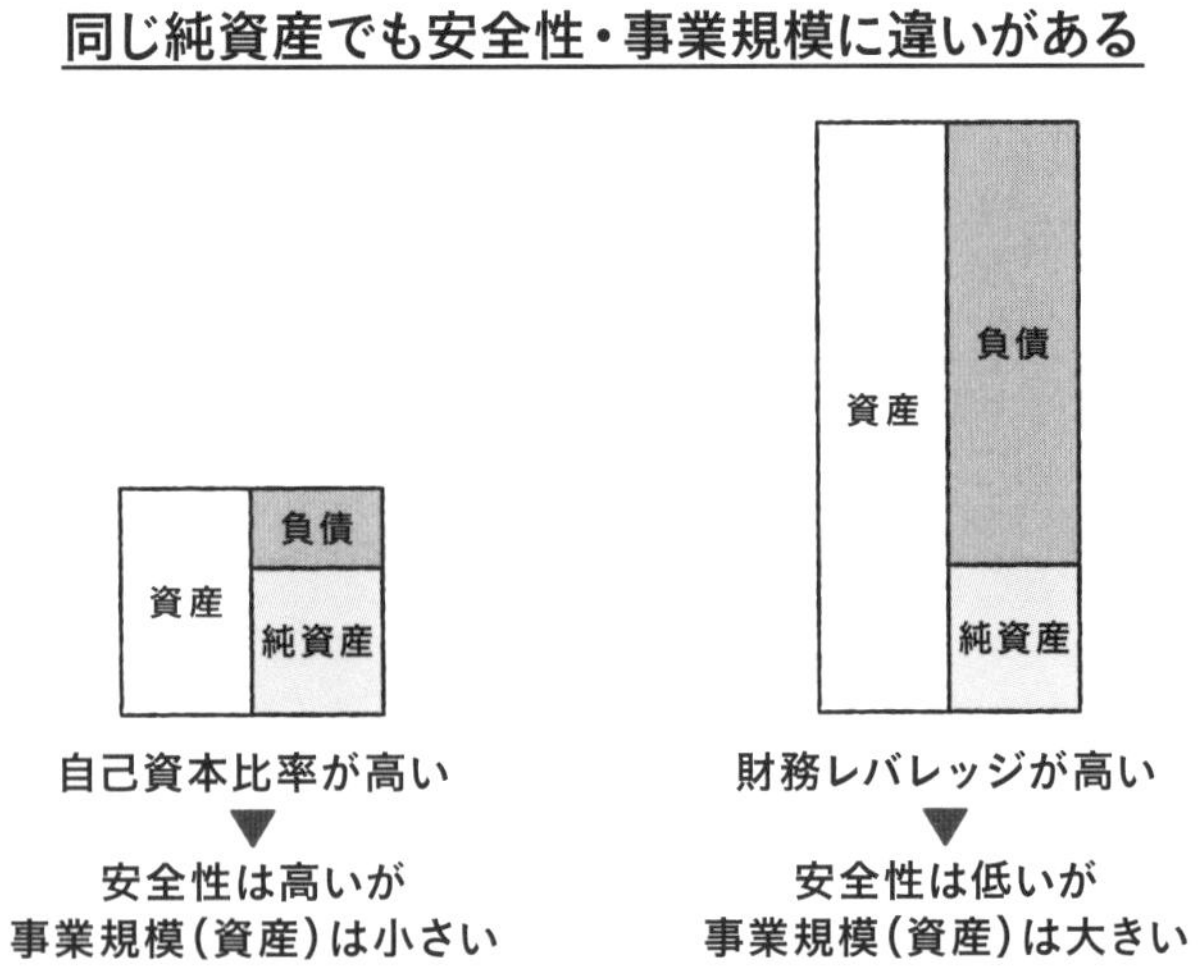

の原理の「てこ」です。てこを使って小さい力で重いものを持ち上げるように、小さい純資産で大きな総資産を持つイメージですね。

　自己資本比率は純資産÷総資産ですから、財務レバレッジは自己資本比率の逆数になります。

安全性を重視するなら自己資本比率は高いほうがいいし、負債の活用を重視するなら財務レバレッジが高いほうがいいということになります。

ソフトバンクグループ ――成長をもたらしたリスクテイク

借金を活用して成長しているのが孫正義氏率いるソフトバンクグループです。

ソフトバンクグループは、グループで、ソフトバンクの携帯電話事業をはじめ、ヤフーなどのIT事業や投資ファンド事業を展開しています。

2021年3月期、日本の会社では過去最高となる約5兆円の純利益を計上しました。

15年前の2006年3月期は、売上高1・1兆円、純利益600億円の会社でした。そのときに世間を驚かせたのが、携帯電話会社ボーダフォンの買収です。

当時、ボーダフォンの売上高は1・5兆円、純利益は500億円。自社よりも売上高の大きな会社の買収で、買収資金は1・8兆円と巨額でした。

しかも、当時のボーダフォンは、通話品質も高くなく、解約率も高い携帯電話。「沈みかかった船を買うのではないか」との声もありました。

のちに孫氏が明かしたところによると、この買収前、孫氏は、アップルのスティーブ・ジョブズ氏に会っていたそうです。まだiPhoneが世に出る前のことですが、孫氏はスティーブ・ジョブズ氏に音楽プレイヤーのiPodと携帯電話を合体させる商品の開発を提案。スティーブ・ジョブズ氏から、そのような商品を開発中であることを聞きだします。

Photo: 2p2play/Shutterstock.com

孫氏は、まだ携帯電話の事業ははじめていないのに、その商品が発売されたら日本で独占販売させてほしいとお願いし、口約束をとりつけました。

孫氏は、その口約束を信じて、ボーダフォンを買収。

ソフトバンクのロゴは、数式で使われるイコール「＝」のような2本のラインでできています。もともとは黄色でしたが、ボーダフォンを買収して携帯電話のブランドを「ソフトバンク」に変えたときにシルバーに変えました。ｉＰｏｄのイメージにあう色にしたのです。

２００７年、ｉＰｈｏｎｅがはじめて発表され、翌年、ソフトバンクは日本での独占販売を実現。躍進のきっかけとなりました。

その後、ソフトバンクは上場し、２０２１年３月期には、売上高５兆円、純利益５０００億

巨額の負債を使って成長するソフトバンクグループ

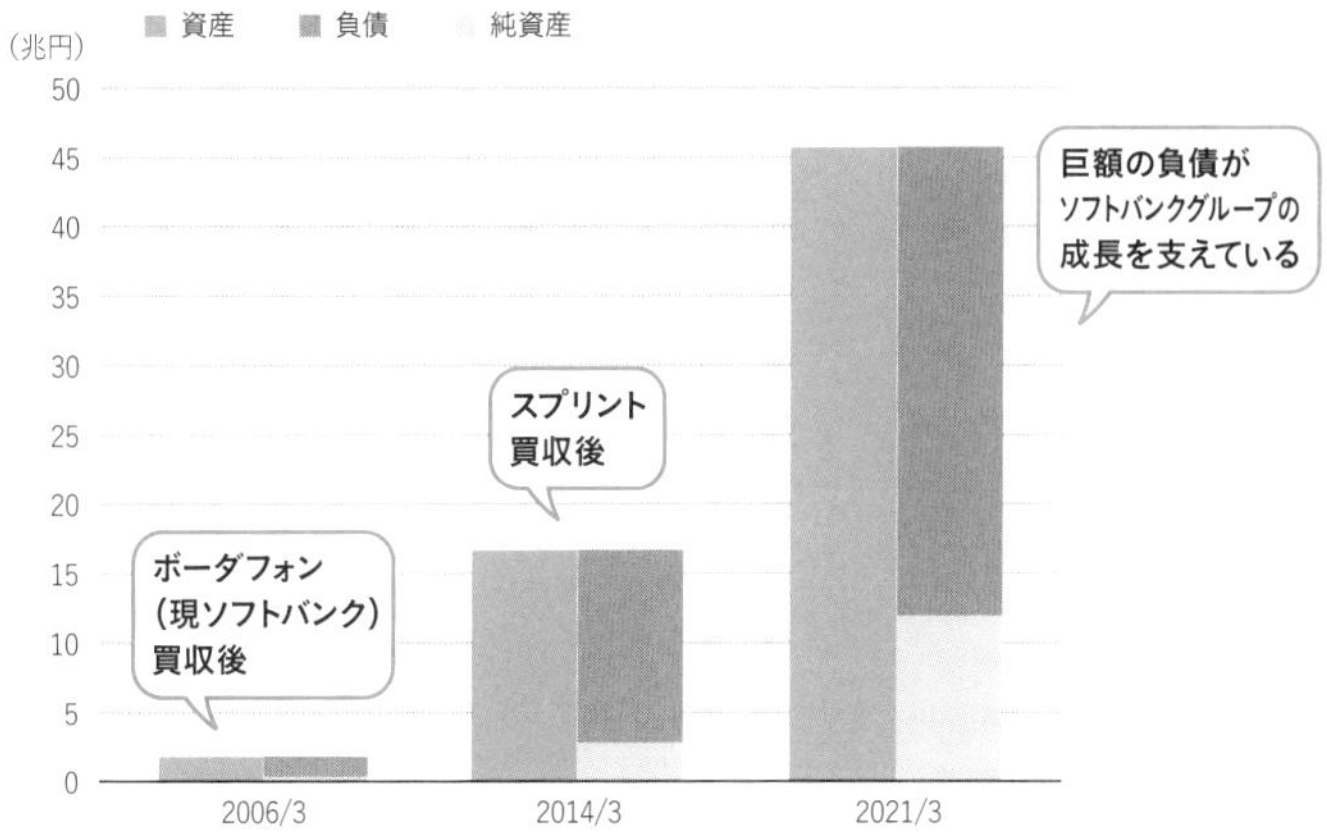

円への会社へと成長しました。

ソフトバンクグループの巨額の買収はボーダフォンだけではありません。

2013年にはアメリカで4位の携帯電話会社のスプリントを1・8兆円で買収、2016年7月にはイギリスの半導体設計大手アームを3・3兆円で買収しました。

こういった買収を支えているのは、負債による資金調達です。

孫氏は創業当時、「豆腐のように、1丁(兆)、2丁(兆)と数えられる会社にしたい」と社員に語っていたといわれていますが、兆円単位どころか、10兆円単位で資産、負債が膨らんでいくのは驚異的です。

会社の倒産リスク

5

銀行と株主は見方が違う

お金を貸している立場の銀行からすると、純資産が多くて安全性が高いほうが望ましいものです。一方、株主の立場からすると、負債が多いほうが事業規模を大きくすることができるという面もあります。

銀行の立場と株主の立場では、望ましい姿は違うのです。

配当金の支払いや自社株買いも、銀行と株主によって見方が違います。銀行としては純資産が減るのでうれしくありません。一方、株主にとっては、利益が還元されるのですからうれしいわけで、株価も上がることがよくあります。

企業ファイル

スターバックス ——債務超過はグランデサイズ

スターバックスは1971年にアメリカのシアトルで設立。店舗数は全世界で3万店を超えている世界最大のコーヒーチェーンです。

スターバックスは好業績なのに債務超過

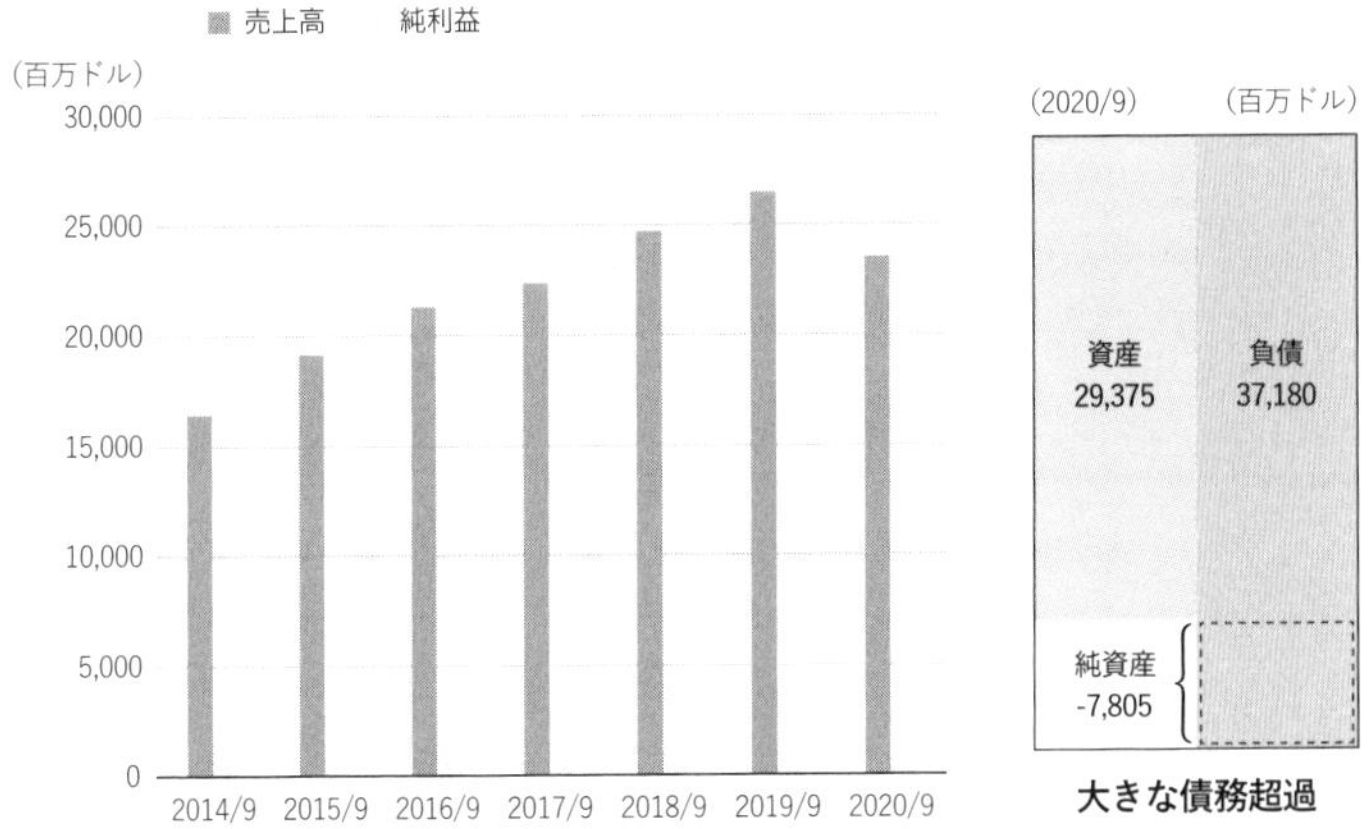

スターバックスの日本進出は１９９６年。進出にあたり、日本の会社サザビー（現サザビーリーグ）と提携しました。プロジェクトチームは、日本の市場リサーチをしましたが、厳しい感触でした。

当時、日本のコーヒーチェーンでトップだったドトールは１杯１８０円。スターバックスは、その値段では採算が合いません。

しかし、当時のサザビーの社長の鈴木陸三氏は、プロジェクトチームに言います。

「これがかっこいいんだよ。このロゴとペーパーカップが」

今でこそ、コンビニでも持ち帰りコーヒーが買えますが、当時は、コーヒーを持ち帰る習慣は日本にはありませんでした。

数字をこえて時代の先を読む感性。この言葉に刺激され、プロジェクトチームに火がつきました。女性をターゲットにすることで、それまでのコーヒーチェーンとは違う価値を提供し、人気を博します。2021年の日本の店舗数は1600店以上。2位のドトールの1100店を引き離して、トップになりました。

決算書は、アメリカの会社も日本の会社もほとんど同じです。

2020年9月期の売上高は240億ドル。大きく数字をつかむときは1ドル100円で換算してしまいましょう。2・4兆円です。日本の飲食業で売上高トップは、「すき屋」「なか卯」「はま寿司」などを展開するゼンショーホールディングスの6000億円ですから、スターバックスの売上高の大きさがわかります。

純利益は9億ドル。円換算すると900億円です。コロナ禍のもとでも黒字でした。

純資産もたっぷりたまっているのかとBSを見てみると、純資産はプラスどころかマイナスです。78億ドルもの債務超過です。

大きな赤字を計上したのではありません。高い収益力があるので債務超過でも大丈夫だという判断もあったのでしょう。**配当金の支払いと自社株買いといった株主還元をした結果、債務超過となったのです。**

アメリカは株主還元を重視する会社が多く、債務超過になっている会社がたくさんあります。

2020年度では、たとえば、ボーイングは180億ドル、たばこメーカーのフィリップモリスは130億ドル、マクドナルドは80億ドルの債務超過になっています。

日本では、2期連続で債務超過だと上場廃止ですが、アメリカにはそのようなルールがありません。

アメリカの会社は、株主が株主還元を要求することが多く、経営者の報酬は株価に連動することも多いため、株主還元の結果、純資産が少なくなりやすい傾向があります。

企業ファイル

日本 ――国は倒産しないのか？

国の借金である国債の残高がとても多いということはご存じの方も多いと思います。

なかには、「国は、借金は多いけれど、資産も多いから大丈夫」という人もいるのですが、実際はどうなのでしょうか。

国は、会社ではありませんが、企業会計の考え方にしたがって作った財務書類を公表しています。

財務省のホームページに「国の財務書類」として掲載されていて、そのなかには、BSもあります。

BSを見ると、なんと、592兆円の債務超過。

国（一般会計・特別会計）のBS

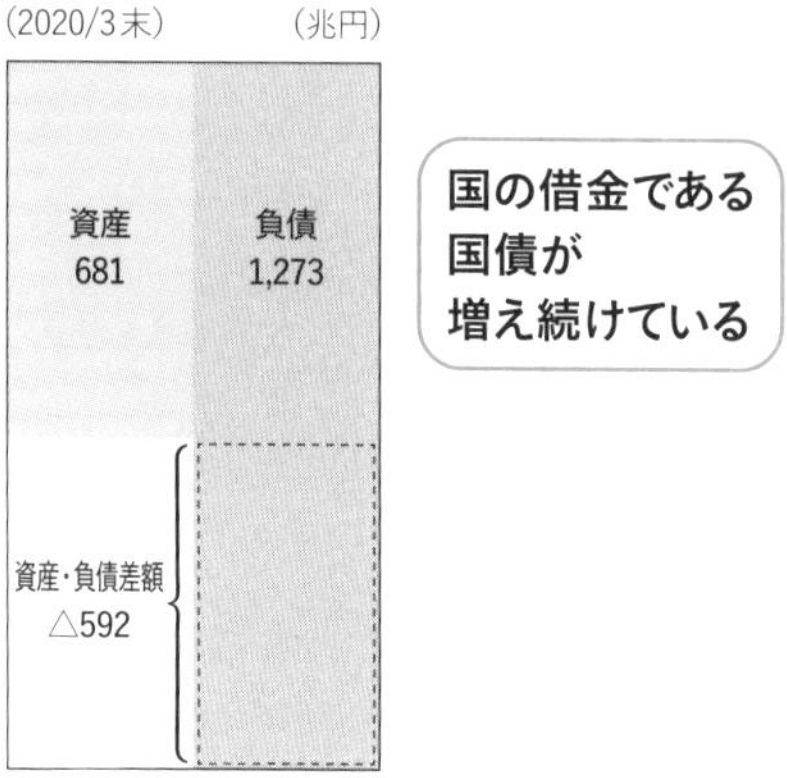

国債が年々増え、債務超過の額も増え続けています。会社なら、債務超過が増え続けると、資金調達ができなくなり倒産してしまいます。

ただ、国は会社とは違います。**今のところ、国債を発行して資金調達することができています。でも、もし、国債を発行できなくなると、支払うべきものが支払えなくなりますので、財政破綻ということになってしまいます。**

会社は資産を売って借入の返済にあてることもあります。国の場合、資産は、国道や川、将来の年金の支払いにあてると使い道が決まっているものなど、売れない資産も多そうです。

会社の倒産リスク 6

持ち家と賃貸、どちらが得か？

会社の数字の見方を学ぶと、個人の生活にもいかすことができます。

ここでは、持ち家と賃貸のどちらが得かというテーマを考えてみましょう。

持ち家派と賃貸派。価値観にかかわってくるテーマであり、多くの場所で論じられているテーマですが、どちらがいいか結論は出ていません。

持ち家派がメリットとして考えるのは、住宅ローンを払い終われば資金負担が減り、家が自分の資産として残ること、リフォームしたり好きな間取りにできることなどのようです。住宅ローンを借りて家を買うのはまさに財務レバレッジ（↓113ページ）で、負債を活用して、純資産より大きな資産を持つということですね。

一方、賃貸派は、買う場合とくらべて最初にまとめて用意するお金が少なくてすむこと、引越しやすいので、転勤があったり、家族の数がかわったときに対応しやすいことをメリットと考える人が多いようです。

独身の間は賃貸、結婚して子供ができたら持ち家と考える人も多いですね。

持ち家と賃貸

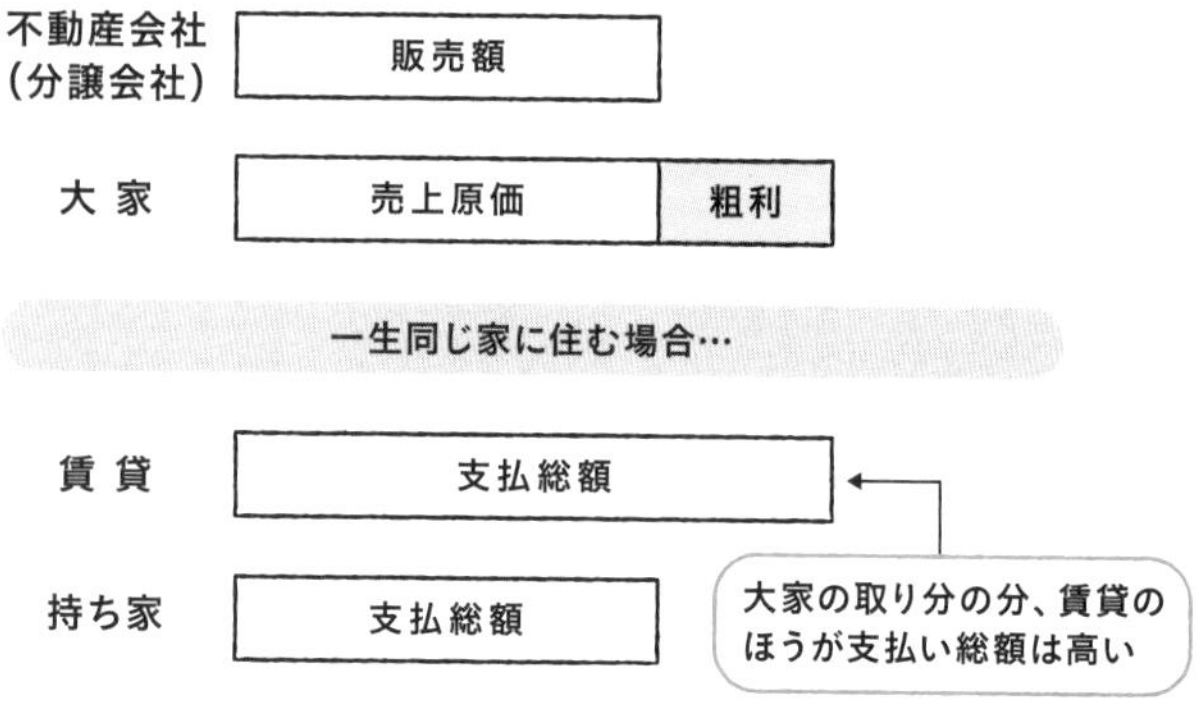

かりに、同じ家にずっと住み続けるとするなら、支払総額という観点では、理論上は、持ち家のほうが得になります。

ニトリのようなSPAは、間に入る会社が少ないので安くできるという説明をしました（↓63ページ）。家も同じです。上の図では、金利、税金、リフォーム費用等については省略していますが、考慮しても本質的な考え方は同じです。

もし、あなたが家を買って、すぐに誰かに貸して大家になるとしたら、利益が出るように家賃を決めるでしょう。空室リスクもあるので、その分も家賃を高くします。大家には大家の取り分があるわけです。

自分で買った家に住むなら、大家の取り分がない分、必要なお金の総額は安くなります。

不動産屋さんのなかには、家賃より住宅ローンのほうが月々の支払いが安くなるといって買うことをすすめる人もいますが、住宅ローンを払えなくなってしまうリスクも考える必要があるでしょう。

住宅ローンを借りてよいかどうかは、任天堂とスターバックスの違いを参考にすることができます。

収入が不安定なら任天堂型。この場合は、住宅ローンを借りるべきではありません。**会社も個人も、収入が不安定なのに大きな負債をかかえると、返済できないリスクが高くなってしまいます。**

収入が安定的ならスターバックス型。この場合は、住宅ローンを借りても大丈夫です。

日本全体で考えると、「この会社に就職したら一生安泰」というのは減ってきていますし、不確実性が高まっています。

かつての終身雇用時代の日本がスターバックス型だとすると、今は、任天堂型にシフトしてきているように感じます。

これからは、持ち家が減って、賃貸が増えるかもしれないですね。

会社の倒産リスク

7

BSをタテにくらべる、ヨコにくらべる

自己資本比率が40％以上あって、利益がしっかり出ているのであれば、通常、会社の安全性にはほとんど問題がありません。

でも、自己資本比率が低かったり、利益が出ていないようであれば、会社の安全性について、もう少し詳しく見たほうがよいでしょう。

会社は、支払うべきものが支払えないと、倒産してしまいます。

資産のなかには、すぐに現金化されるものもありますし、なかなか現金化されないものもあります。

負債のなかには、すぐに支払いが必要なものもありますし、当面支払いが必要のないものもあります。

そこで、1年という区切りで資産・負債を区分します。

1年以内に現金化される資産を**流動資産**、それ以外を**固定資産**に分けます。

1年以内に支払いが必要な負債を**流動負債**、それ以外を**固定負債**に分けます。

資産と負債は１年を基準に流動と固定に分かれる

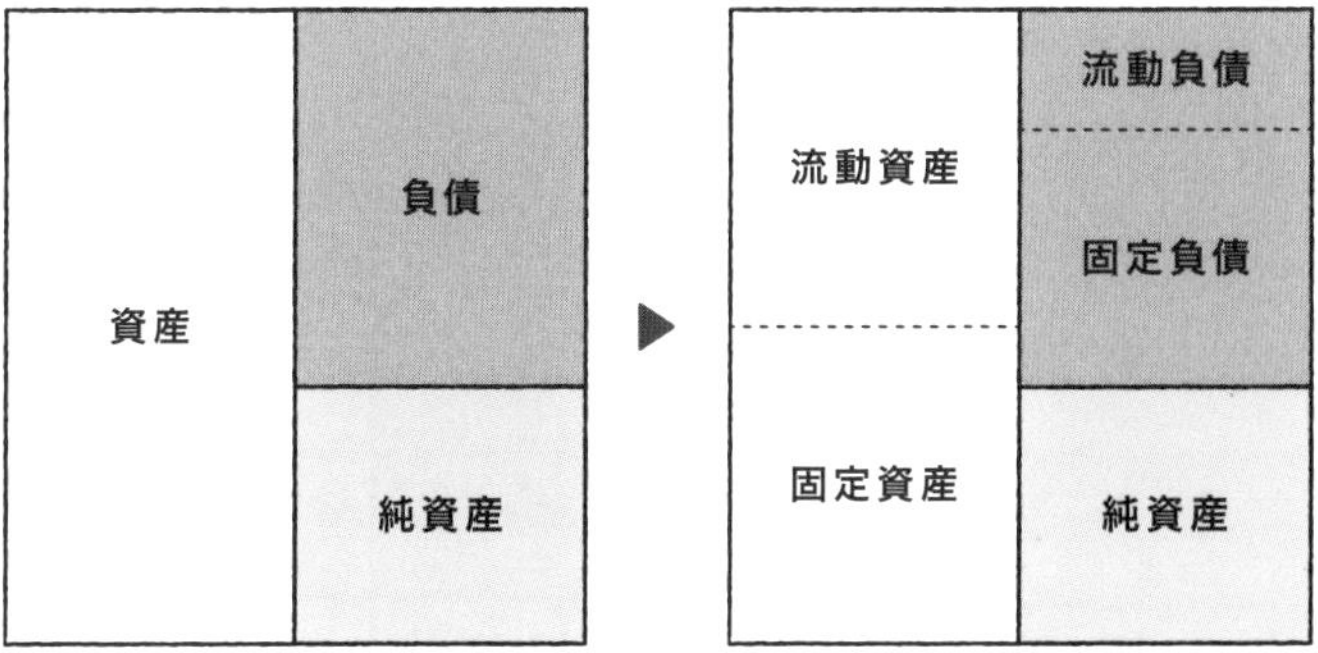

会社の安全性という点では、流動資産が多くて、流動負債が少ないほうが安全です。流動資産がたくさんあれば、それだけ支払いに余裕があるということになります。流動資産と流動負債の比率を**流動比率**といいます。

流動比率　＝　流動資産　÷　流動負債

流動比率は２００％以上が望ましいです。１００％以下だと注意が必要です。

自己資本比率は中長期的な安全性を示すものですが、流動性は短期的な安全性を示します。

タテにくらべる自己資本比率

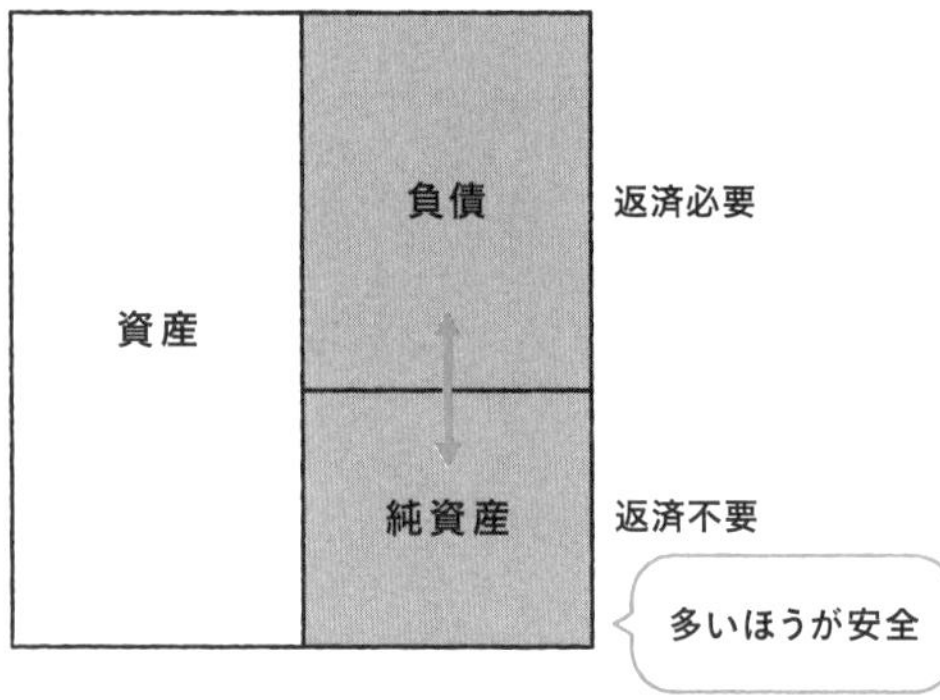

ヨコにくらべる流動比率

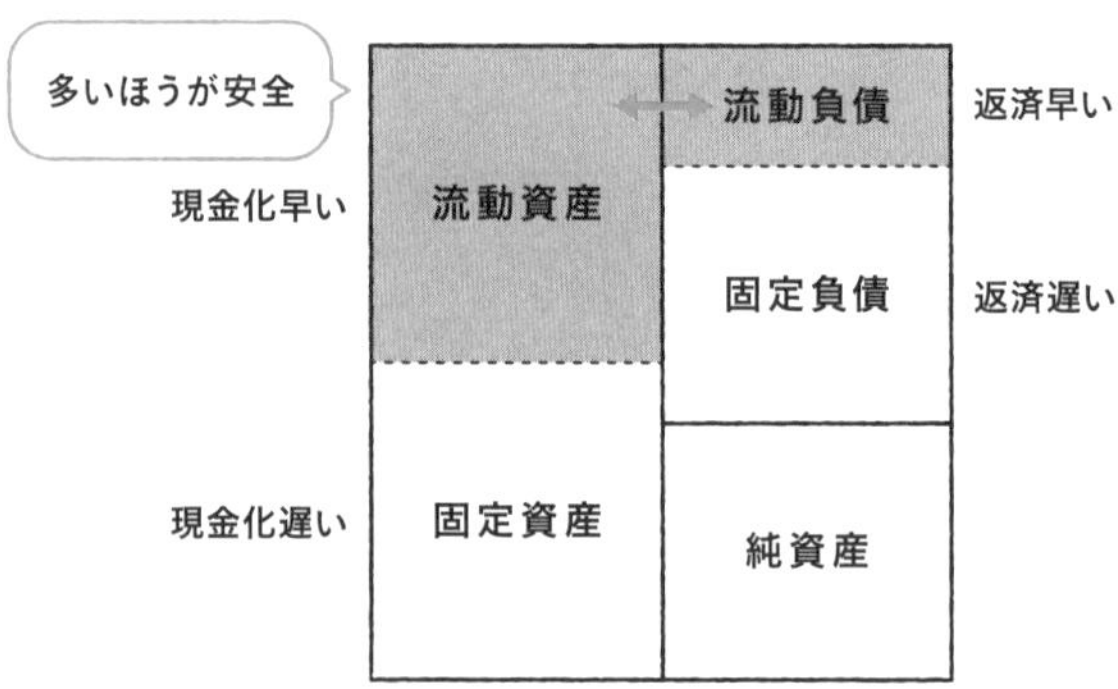

サイゼリヤ、ペッパーフードサービス

——コロナ・ショックのインパクト

コロナで打撃を受けた外食業界。

サイゼリヤは、イタリアンファミリーレストランチェーン「サイゼリヤ」を運営する会社です。

ペッパーフードサービスは、ステーキレストランチェーン「いきなり！ステーキ」などを運営する会社です。

2社ともコロナ禍で赤字となってしまいましたが、安全性をくらべてみましょう。

ニュースなどでは、黒字・赤字といったPLの数字がとりあげられることが多いのですが、安全性を見るときはBSを見る必要があります。

サイゼリヤは自己資本比率が高く、流動比率も200%を超えています。赤字とはいえ、安全性に心配があるわけではなさそうです。

安全性の違いをくらべてみよう

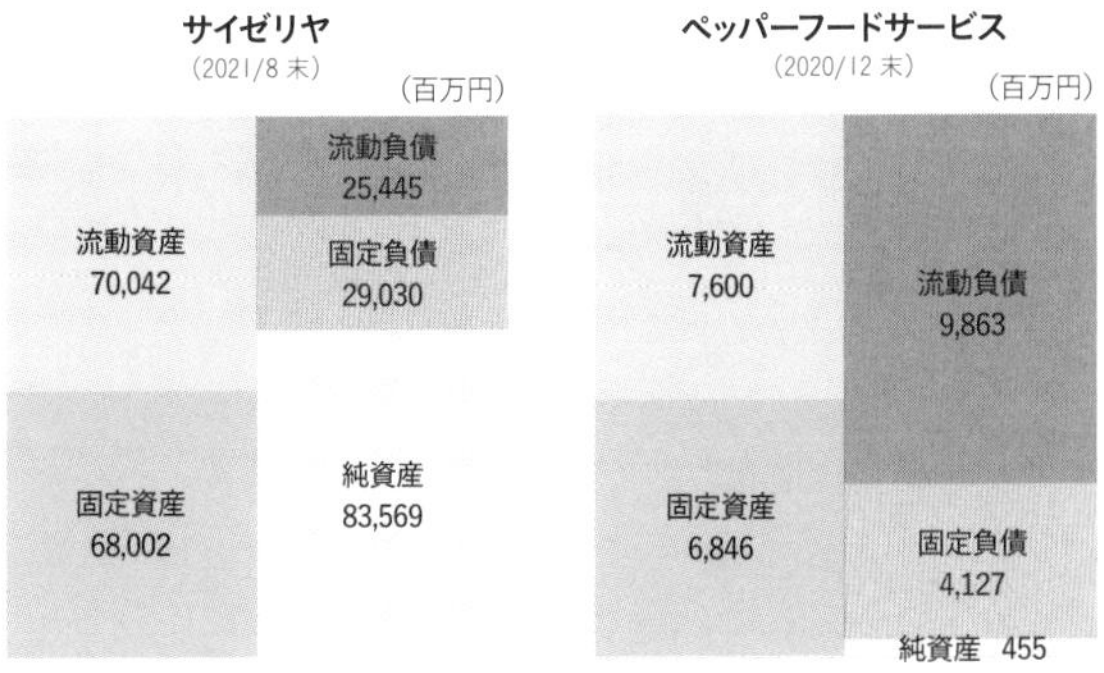

ペッパーフードサービスは、自己資本比率が低く、流動比率も100%以下です。厳しい経営がうかがわれます。

ペッパーフードサービスは、コロナ前から、「いきなり！ステーキ」が減速して赤字でした。そこにコロナが追い打ちをかけたのです。

2020年12月期の決算書には「継続企業の前提に関する注記」がついており、「当社の来店客数は顕著に減少して売上高も著しく減少しております。（中略）この結果、借入金の返済等の資金繰りに懸念が生じており、継続企業の前提に重要な疑義を生じさせるような事象又は状況が存在しております」などと書かれており、倒産リスクがあることが示されています。

資産・負債にはどのようなものがあるのか

資産・負債には次のようなものがあります。

流動資産

流動資産には、現金預金、売上債権、棚卸資産《たなおろししさん》といったものがあります。

売上債権は、売掛金のように、売上によって発生した債権です。売掛金というのは、後日、代金を受け取る権利のことでしたね（↓106ページ）。

棚卸資産は、いわゆる在庫のことです。商品、製品、原材料などがあります。

他には、有価証券や貸付金などが計上されることもあります。

固定資産

固定資産は、有形固定資産、無形固定資産、投資その他の資産の3つに分かれます。

有形固定資産は、土地や建物など、形のある固定資産。

無形固定資産は、ソフトウェアなど、形のない固定資産。

投資その他の資産は、投資有価証券などです。

流動負債

流動負債には、仕入債務、短期借入金などがあります。

企業間の取引では、仕入れ代金は後日まとめて支払うことが一般的です。このようなときに発生するのが「買掛金《かいかけきん》」です。買掛金のように仕入にともなって発生した債務が仕入債務です。

また、負債には「引当金《ひきあてきん》」が計上されることもあります。これは支払いが確定していないけれど、支払う可能性が高いものです。

たとえば賞与は、社員が退職してしまえば支払うことはありませんが、退職せずに支払うことになる可能性が高いものです。3月決算の会社で、12月から5月の勤務分の賞与を6月に支払うこととしている場合は、12月から3月までの勤務分の賞与が3月末のBSの負債に「賞与引当金」として計上されます。

固定負債

固定負債には、長期借入金などが計上されます。長期借入金は、返済まで1年超の借入金です。

楽天グループ――携帯参入の体力は十分か？

楽天グループの決算数値から、どんなことが読み取れますか？

ヒント　楽天グループは、楽天カード、楽天銀行、楽天証券といった金融事業で総資産が多くなっています。純資産は十分でしょうか？

楽天グループの主な決算数値

（百万円）

	売上収益	営業利益	純利益	総資産	純資産
2016/12	781,916	77,977	37,995	4,604,672	680,346
2017/12	944,474	149,344	110,585	6,184,299	683,408
2018/12	1,101,480	170,425	142,282	7,345,002	776,207
2019/12	1,263,932	72,745	△31,888	9,165,697	737,200
2020/12	1,455,538	△93,849	△114,199	12,524,438	629,014

売上高は1兆円を超える大企業です。2020年度末の従業員数は7390人です。

売上高は年々増え続けていて、成長しているのがわかります。

営業利益がピークの2018年度は、営業利益率が10%を超え、収益力の高さがうかがえましたが、2019年度、2020年度は、純損失を計上しました。携帯電話事業への先行投資のためです。

BSを見ると総資産は13兆円、純資産は6000億円で自己資本比率は5%程度です。楽天グループが展開しているカード、銀行、証券といった事業は、資産規模がふくらむため、自己資本比率が低くなります。

2020年度の純損失は1000億円以上であり、それを考えると、純資産は十分とは言えないという判断もあったのでしょう。楽天グループは、2021年3月に、日本郵政などから2400億円の出資を受け入れました。


PLは、「利益＝収益－費用」でフロー。BSは、「純資産＝資産－負債」でストック。それぞれを見てきましたが、この2つをセットで見ると、さらに理解が深まります。

次の章では、2つをセットで見てみましょう。

第4章

なぜ牛丼店のいすには背もたれがないのか？

——会社の効率を読む　BS×PL

会社の効率

1

なぜ牛丼店のいすには背もたれがないのか？

飲食店では、1席当たりの客数を回転率といいます。30席の飲食店に30人のお客さんが来たら回転率は1回、60人のお客さんが来たら回転率は2回です。

回転率の高い店というのは、座席数の割にお客さんが多い店で、その代表選手がファーストフードの牛丼店です。

牛丼店は客単価が安く、その分、多くのお客さんに来てもらいたいと思っています。ぱっと食べて、ぱっと帰ってもらう。そして、次のお客さんに来てもらう。

お店としては、お客さんに長居されたくはありません。

そこで、お客さんがくつろげないように、さまざまな工夫をしています。お客さんにくつろいでもらう工夫ではなく、くつろげない工夫です。

カウンター席になっていて、丸椅子で、背もたれのない少し高めの椅子。高めの椅子だと、人は落ち着かないそうです。もちろん、食後のコーヒーもありません。

郊外などでは、テーブル席で背もたれのある席を用意している牛丼店もありますが、典型的な牛丼店は、長居する人をターゲットにしていないんですね。

ちなみに、吉野家の1号店は15席。その店で年商1億円を目指すことにした吉野家の創業者の松田瑞穂氏は、1日1000人のお客さんに食べてもらうことが必要だと考え、その仕組みを作り上げたそうです。なんと60回転以上にもなります。

まさにお客さんが次々に回転しているようなイメージが浮かびます。


この「回転率」という考え方は、決算書を見るときにも使います。

売上高の総資産に対する比率を**総資産回転率**といいます。

総資産回転率　＝　売上高　÷　総資産

総資産回転率の単位は「回」です。総資産が10億円で、売上高も10億円なら、10億円÷10億円＝1で、総資産回転率は1回となります。

総資産が10億円で、売上高が20億円なら、総資産回転率は2回です。

会社は、最初に現金があって、現金で商品を仕入れて、仕入れた商品を売って、現金が戻ってくる。その繰り返し。資産が回転して売上になっていくイメージを持つことはできるでしょ

効率がいいと回転率は高くなる

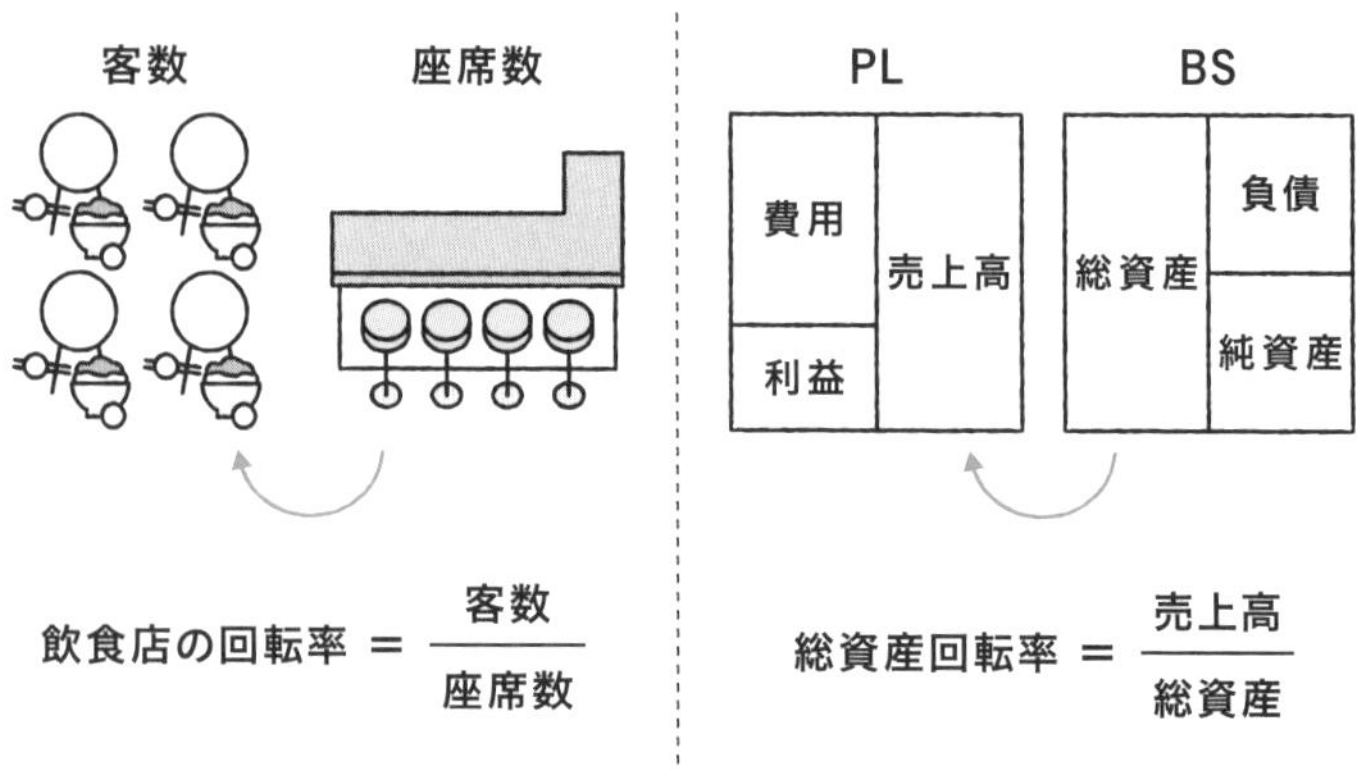

うか。

総資産回転率が高いほど、資産を効率的に使って売上をあげているということになります。

総資産回転率は業種によって違いますが、目安は1回、あるいは、1回をやや下回るぐらいです。

ニトリの総資産回転率は、売上高7169億円÷総資産9270億円＝0・8回となっています。

会社の効率

2

資産を見れば、事業の特徴が浮き彫りになる

ＰＬは、「利益＝収益－費用」。

ＢＳは、「純資産＝資産－負債」。

これが基本の式です。

ＰＬは、多くの人にわかりやすいものです。

子どものころから、お小遣いをもらって、使って、残ったということをやってきました。「もらう、使う、残る」を「収益、費用、利益」と結び付けて感覚的に理解できます。

ＢＳも、資産があって、負債があって、それを引くと純資産になるという説明をすれば、理解できるものです。

ＢＳとＰＬを関連づけると、ちょっと難しくなります。でも、ＢＳとＰＬを関連づけられるようになると、決算書の理解がぐっと深まります。

売上高と総資産の比率である総資産回転率は、ＢＳとＰＬの関連を示すもっとも基本的な数字です。

資産を見れば事業の特徴がわかる

資産	残高の目安	目安より多い場合	目安より少ない場合
現金預金	月商×2	・余裕資金が多い	・資金管理を徹底している ・資金繰りが苦しい
売上債権	月商×2	・売上債権の回収期間が長い ・回収が遅れている売上債権がある	・現金取引が多い ・個人向けの事業である
棚卸資産	月商×2	・製造や販売に時間がかかる ・売れ残っている在庫がある	・在庫をもたない事業である
固定資産	月商×6	・装置産業である ・不動産事業である	・設備をあまり必要としない事業である
総資産	月商×12		

BSにはさまざまな資産がありますが、それぞれの資産の残高も売上高とくらべることで、会社の特徴が見えてきます。それぞれの資産の残高は、一般的には1カ月あたりの売上高である月商とくらべます。

たとえば、売上債権は月商の2カ月分ぐらいになるのが標準的です。

すべての売上代金を翌月末に受け取る会社なら、3月の売上分の代金を受け取るのは4月末です。3月末のBSには3月の売上分の売上債権が計上されます。月商の1カ月分です。

翌々月末に受け取る会社なら3月末のBSには2月と3月で2カ月分の売上債権が計上されます。

もし、売上債権が月商の2カ月分より少なければ、現金売上の割合が多いのでしょう。月商の2カ月分より多ければ売上代金の受取まで時間のかかる取引条件なのかもしれないですし、回収が滞っている売上債権があるのかもしれません。

目安としては、現金預金も、売上債権も、棚卸資産も、ざっと月商の2カ月分ぐらいです。固定資産は月商の6カ月分ぐらい。だから、現金預金2カ月、売上債権2カ月、棚卸資産2カ月、固定資産6カ月で、合計12カ月です。つまり、総資産は1年分の売上高と同じになり、総資産回転率1回になるわけです。

たとえば、売上高が120億円の会社だったら、月商10億円ですので、BSの左側は、標準的には、次のようになります。

現金預金は、月商の2カ月分で20億円。
売上債権は、月商の2カ月分で20億円。
棚卸資産は、月商の2カ月分で20億円。
固定資産は、月商の6カ月分で60億円。

もちろん、実際の会社はこの通りにはなりません。目安の数字とくらべることで、会社の特徴をつかむことができるのです。

ZOZO、ファーストリテイリング、しまむら ――ビジネスモデルの違いを見抜く

ZOZO、ファーストリテイリング、しまむら。苦戦している会社が多いアパレル業界にあって好調な会社です。

3社のPLをならべてくらべると、目を引くのはZOZOですね。ZOZOは、アパレル通販サイトのゾゾタウン（ZOZOTOWN）を運営している会社です。

営業利益率は29・9％と高収益で、圧倒的に低い原価率は5・0％です。私たちがゾゾタウンで、1万円のジャケットを買ったとしましょう。原価は500円？　まさか、さすがにそんなことはありません。

私たちがゾゾタウンで買った金額がそのままZOZOの売上高になるわけではないんです。ゾゾタウンのほとんどは、受託販売といって、テナント形式で出店するブランドの商品を預かって売っています。自社で仕入れた商品を売っているわけではないのです。

受託販売では、消費者から受け取った商品の代金が売上高になるのではなく、出店している店舗からの手数料が売上高になります。このため、原価率がとても低くなっています。

次にBSを見てみましょう。3社の違いがもっともよくあらわれるのは棚卸資産です。棚卸資産は在庫のことです（↓131ページ）。

ビジネスモデルが違うと決算書も違ってくる

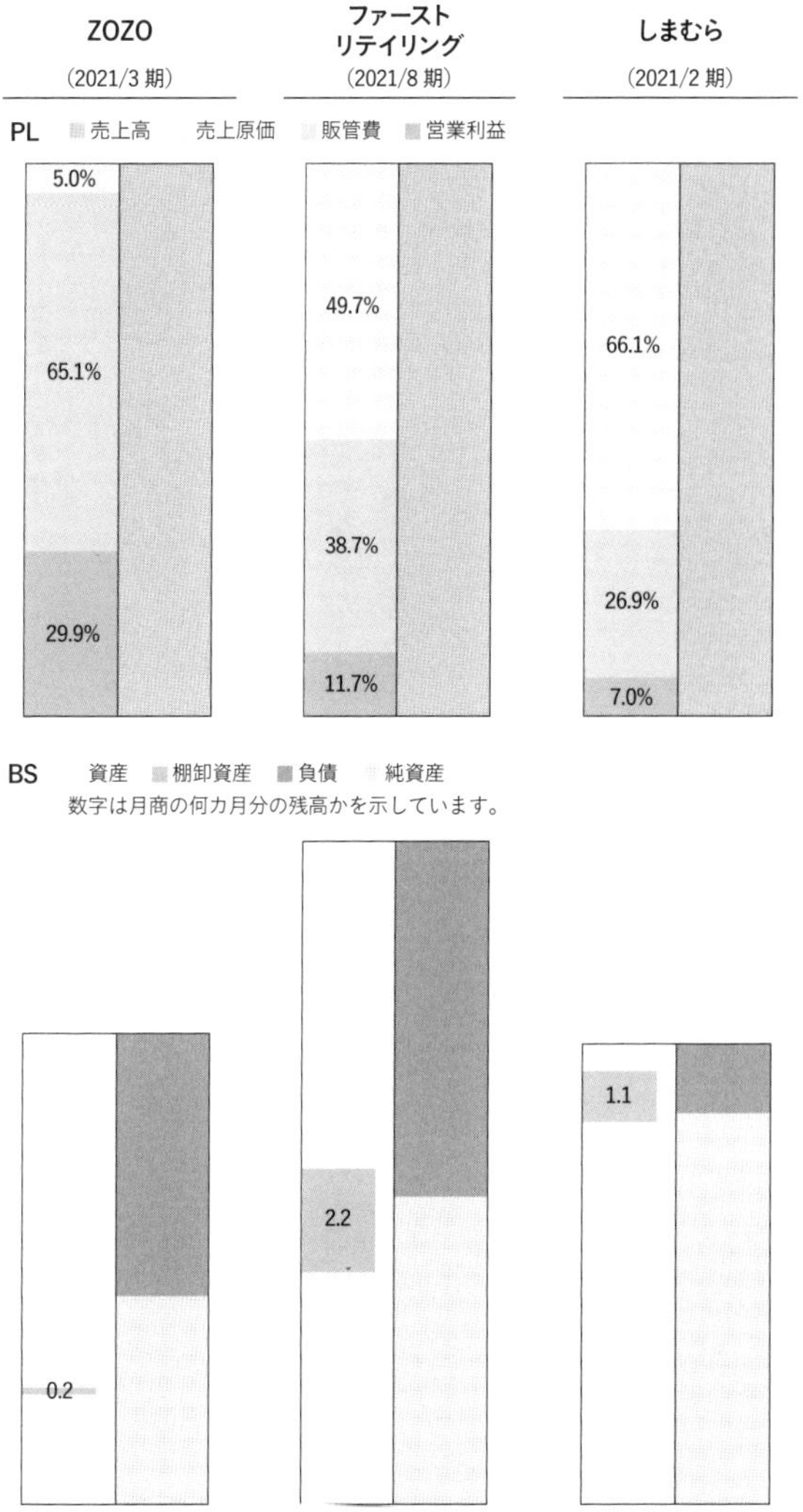

数字は月商の何カ月分の残高かを示しています。

ZOZOは棚卸資産がとても少ないです。ZOZOの倉庫には多くの商品がありますが、これはZOZOの棚卸資産ではありません。**ZOZOの倉庫の商品はZOZOが仕入れたものではなく、預かっているものですので、ZOZOの棚卸資産にはならないのです。**

ZOZOの次に営業利益率が高いのはファーストリテイリング。ご存じユニクロの会社です。営業利益率は11・7%。ファーストリテイリングは、ニトリと同じようにSPA（↓62ページ）で製造と小売りを手掛けており、営業利益率が高くなっています。

ファーストリテイリングの棚卸資産はやや多めです。ユニクロの店舗にいくと、膨大な商品が置いてありますので、豊富な在庫でお客さんのニーズをとらえる戦略なのがわかります。

といっても、なぜか、私がユニクロの店舗にいくと、私のサイズだけないときもあったりするのですが……。でも、そう感じるのも、ユニクロならあるはず、という期待感があるほどに商品が多いからでしょう。

しまむらは、低価格の実用衣料に強みをもつアパレルチェーン。他の2社とくらべると、原価率が高いですね。しまむらは商品を仕入れて売っています。仕入販売だと原価率は高くなります。

一方、販管費率は低くなっています。しまむらは徹底的なローコスト経営をする会社として知られます。2021年2月期は、コロナ禍での「巣ごもり需要」を取り込み、部屋着が好調で、営業利益率は7％でした。

しまむらの効率経営は棚卸資産の少なさにもあらわれています。品揃えを豊富にしてアイテムあたりの商品数をしぼる多品種少量の戦略で、売れ残った店から売り切れた店に商品を回すなどして、どんどん売っているのです。

会社の効率

3

会社は資産家を目指してはいけない

会社が儲けるためには、売上高利益率も、総資産回転率も、どちらも大切です。売上高利益率は、利益の売上高に対する比率でしたね（↓60ページ）。

売上高利益率と総資産回転率を同時に見る指標がＲＯＡ《アールオーエー》です。ＲＯＡは、利益の総資産に対する比率です。Return On Assets の略で、日本語に訳すと総資産利益率ですが、ＲＯＡという言葉を使うことが多いです。

ＲＯＡ ＝ 利益 ÷ 総資産

総資産回転率と売上高利益率をかけあわせるとＲＯＡになります。

ＲＯＡ ＝ 総資産回転率 × 売上高利益率
＝（売上高 ÷ 総資産）×（利益 ÷ 売上高）

総資産回転率に売上高利益率をかけるとROAになる

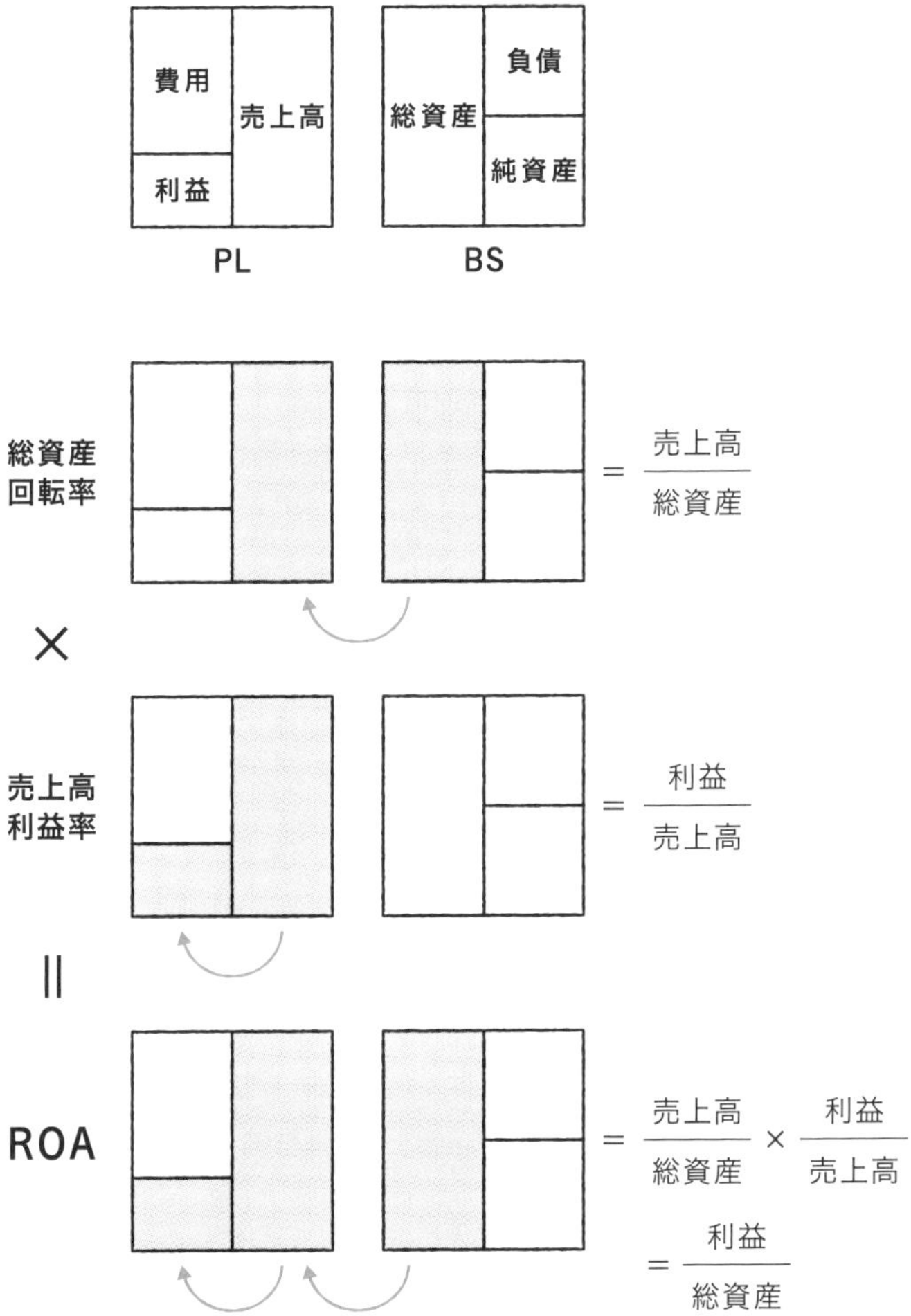

ROAを足の速さにたとえると……

足の速さ ＝ 足の回転速度 × 歩幅
ROA ＝ 総資産回転率 × 売上高利益率

会社は、資産を使って売上をあげ、売上で利益を出します。「資産→売上」が総資産回転率、「売上→利益」が売上高利益率。それをかけあわせて「資産→利益」がROAです。

足の速さにたとえるとイメージしやすいかもしれません。

総資産回転率は足の回転速度です。売上高利益率は利幅ですから歩幅です。

足を速く動かして、歩幅が大きいと速く走れます。総資産回転率が高く、売上高利益率も高いとROAが高くなるのです。

儲けている会社は、少ない資産で、利幅の大きいものをたくさん売っている、というイメージをつかんでみてください。

ぜい肉が少ないほうが足は速く回転します。会社も同じ。総資産回転率もROAも、分母は総資産です。総資産が少ないほど、数字がよくなります。

これは、個人の感覚とは違うかもしれません。

個人だと、資産が多ければ多いほど資産家で裕福なイメージがあります。

会社は違います。**利益が同じなら、資産は少ないほうが望ましいのです。**

無駄な資産は持たないのが良い経営です。

ROAの計算にあたって使う利益は、営業利益だったり、経常利益だったり、純利益だったりと、目的によってさまざまです。この本では、純利益を使うことにします。

ROA ＝ 純利益 ÷ 総資産

＝ 総資産回転率 × 純利益率

純利益による**ROAの目安は3～4％程度です。**

会社の効率

4

利幅の小さい会社の生きる道

売上高利益率と総資産回転率がともに高く、ROAが高くなるのが理想ですが、なかなかそうはいきません。**一般に、売上高利益率が高いと総資産回転率は低く、売上高利益率が低いと総資産回転率が高くなる傾向があります**。

製造業と販売業をくらべると、製造業は設備が必要なので資産が大きくなります。このため、製造業は総資産回転率が低く、売上高利益率が高くなります。

一方、販売業は総資産回転率が高く、売上高利益率が低くなります。

売上高利益率が低い場合は、総資産回転率をいかに高くするかが重要です。

たとえば、金券ショップの粗利率は3％程度しかありません。1000円の商品券を970円で仕入れて990円で売ったりします。安く仕入れるのも高く売るのもなかなかできるものではありませんから、売上高利益率は低くなります。

そこで、金券ショップは、総資産回転率を高くする必要があります。仕入れて売る、仕入れ

総資産回転率と純利益率はトレードオフ

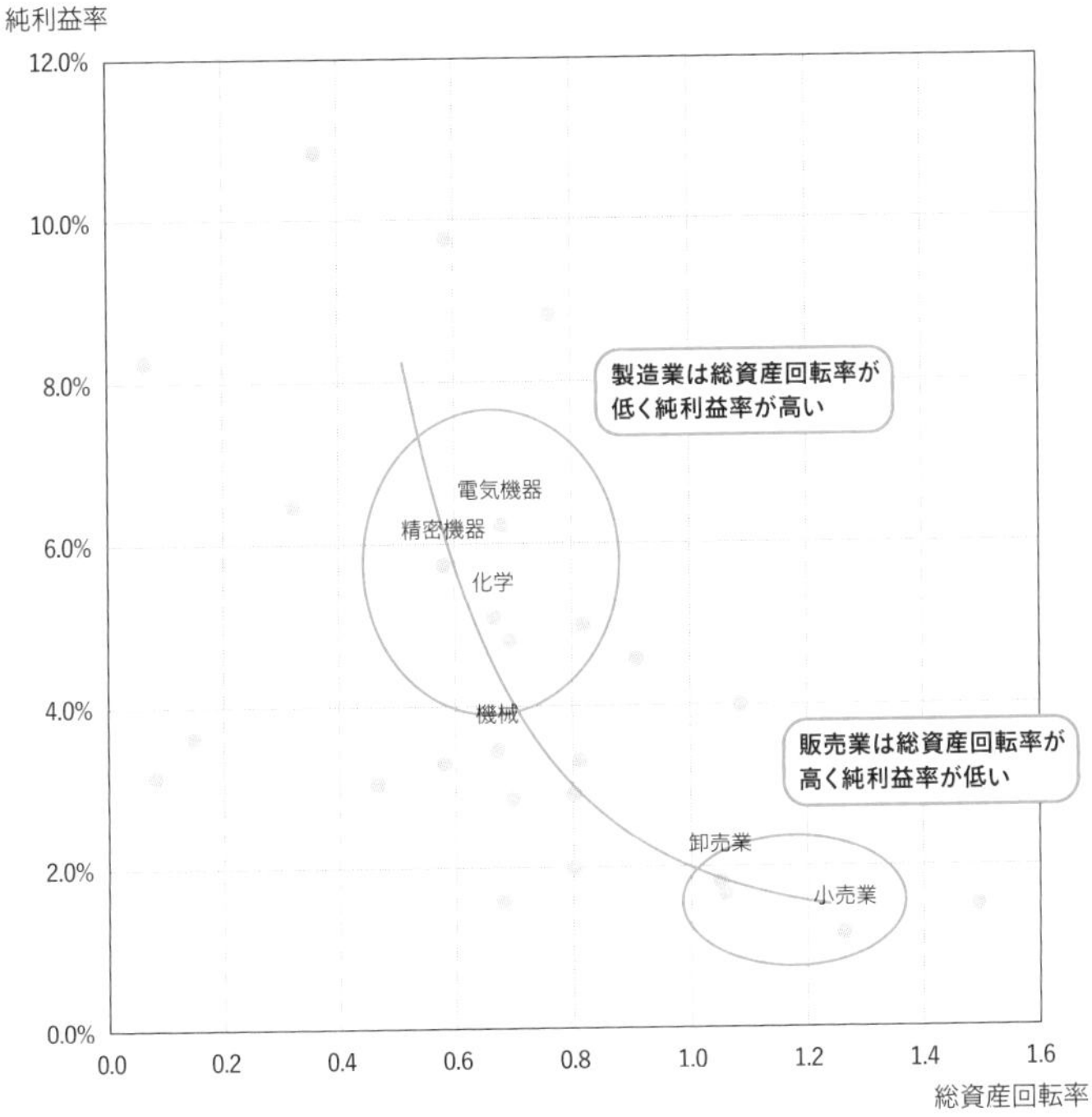

(注) 日本取引所「決算短信集計結果」より著者作成

て売る。これを速く繰り返すのです。

このため、金券ショップは、駅前やショッピングセンターの中など、人が多く集まるところにしか出店しません。薄利多売ですね。

NTTドコモ　――値下げしても大丈夫か？

携帯電話最大手のNTTドコモと、携帯電話販売代理店最大手のティーガイアをくらべてみましょう。

ティーガイアは、ドコモショップやauショップなどの携帯ショップを運営しています。ほとんどすべての携帯ショップは、NTTドコモやKDDIなどの携帯電話事業者ではなく、ティーガイアのような販売代理店が経営しています。

2021年3月期のROAは、NTTドコモが8・0%、ティーガイアが5・6%と、どちらも高収益でしたが、設備を必要とする事業かどうかによって、総資産回転率には違いがあります。

多くの設備を必要とするのはNTTドコモ。総資産回転率は0・6回と低めです。ただ、純利益率が13・4%と高いため、ROAも高くなっています。

純利益率で稼ぐ？　総資産回転率で稼ぐ？

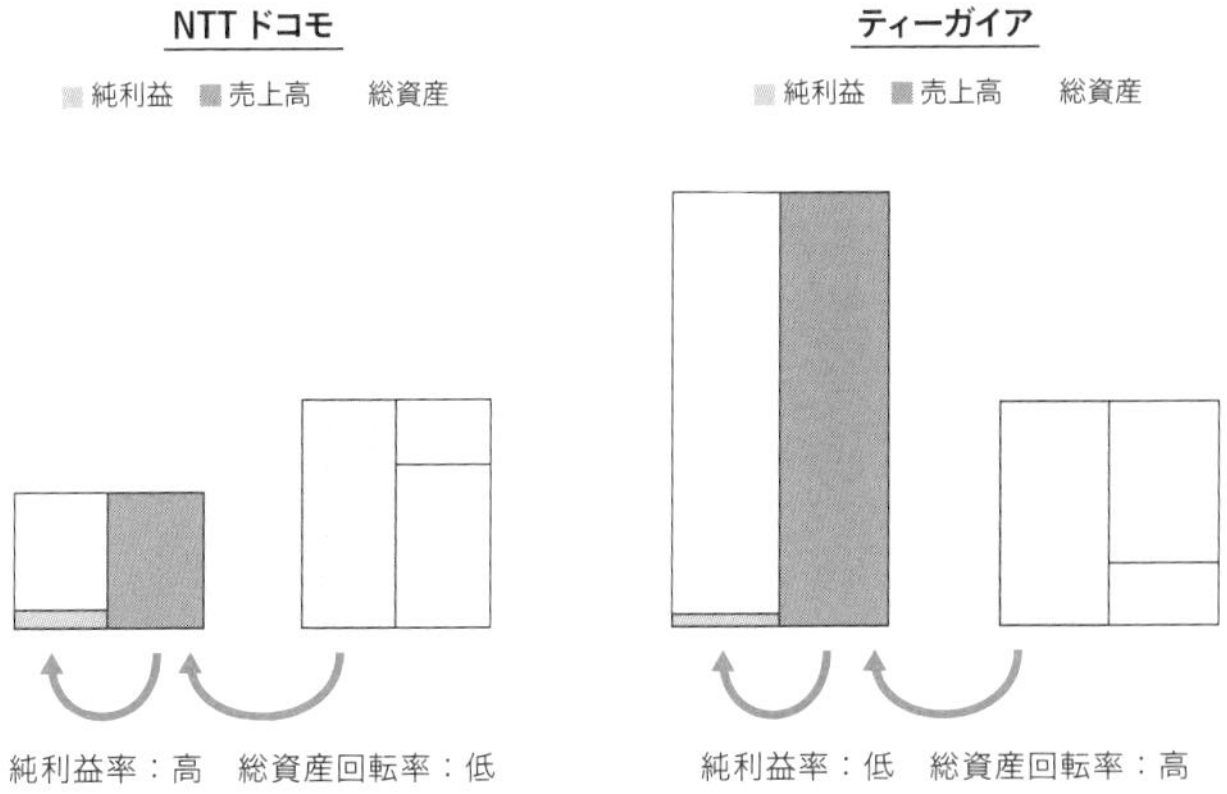

かつて、当時官房長官だった菅義偉氏が「携帯料金は４割値下げする余地がある」と発言しました。

ＮＴＴドコモは、売上高にあたる営業収益が４・７兆円で、そのうち通信サービスが３・１兆円。営業利益は９１００億円でした。

かりに、このＰＬを前提にして、すべての通信サービスを４割値下げして、費用が変わらないとするとさすがに赤字になってしまうでしょう。

一方、あまり設備を必要としないのはティーガイア。総資産回転率は１・９回と高めです。純利益率は２・９％と、決して高くはありませんが、総資産回転率が高いので、ＲＯＡが高くなっています。

ティーガイアのグループ会社にクオカードと

いう会社があります。コンビニなどで使えるクオカードというギフトカードを発行している会社です。

ティーガイアは、営業利益141億円で経常利益198億円。営業外収益には59億円ものカード退蔵益という収益が計上されています。

カード退蔵益は、クオカードの発行から年月がたって、もう使われることがないと見込まれる金額を収益として計上したものです。ティーガイアにとっては、これも重要な収益源です。

負債にはカード預り金が約1000億円計上されており、クオカードの数％が使われないままになっているのですね。

株式投資で一番重視される指標

ROAは、総資産でどれだけの利益を上げたか示すものでした。

それに対し、純資産でどれだけの純利益を上げたかを示すのが「ROE《アールオーイー》」です。Return On Equityの略で、日本語に訳すと自己資本利益率ですが、ROEという言葉をそのまま使うことが多いです。

ROE ＝ 純利益 ÷ 純資産

決算書に関する指標は数多くありますが、そのなかで、**投資家がもっとも重視するのはROE**です。投資家や株主にとっては、株主資本、つまり、純資産に対して、どれだけのリターンがあるかが重要です。

ROAとROEでは、分母が違います。ROAの分母は総資産。ROEの分母は純資産。純資産のほうが小さいので、ROEはROAより大きくなります。

どれだけ大きくなるかというと、総資産と純資産の比率だけ大きくなります。総資産と純資産の比率は、財務レバレッジでしたね（↓113ページ）。

ROE＝（純利益　÷　総資産）×（総資産　÷　純資産）
＝ROA　×　財務レバレッジ

また、ROAは、純利益率に総資産回転率をかけたものですから、次のようにもなります。

ROE　＝（純利益　÷　売上高）×（売上高　÷　総資産）×（総資産　÷　純資産）
＝　純利益率　×　総資産回転率　×　財務レバレッジ

2014年に当時一橋大学教授だった伊藤邦雄氏が中心となってまとめた経済産業省のレポートがあります。「伊藤レポート」といわれていますが、そのなかで、**日本企業のROEの目標数値として最低8％が掲げられました。**これが1つの目安となるでしょう。

純利益率4％、総資産回転率1回、財務レバレッジ2倍でROEが8％になります。

ROEをあげるためには、純利益率を高くするか、総資産回転率を高くするか、財務レバレッジを高くするかのどれかです。

ROAに財務レバレッジをかけるとROEになる

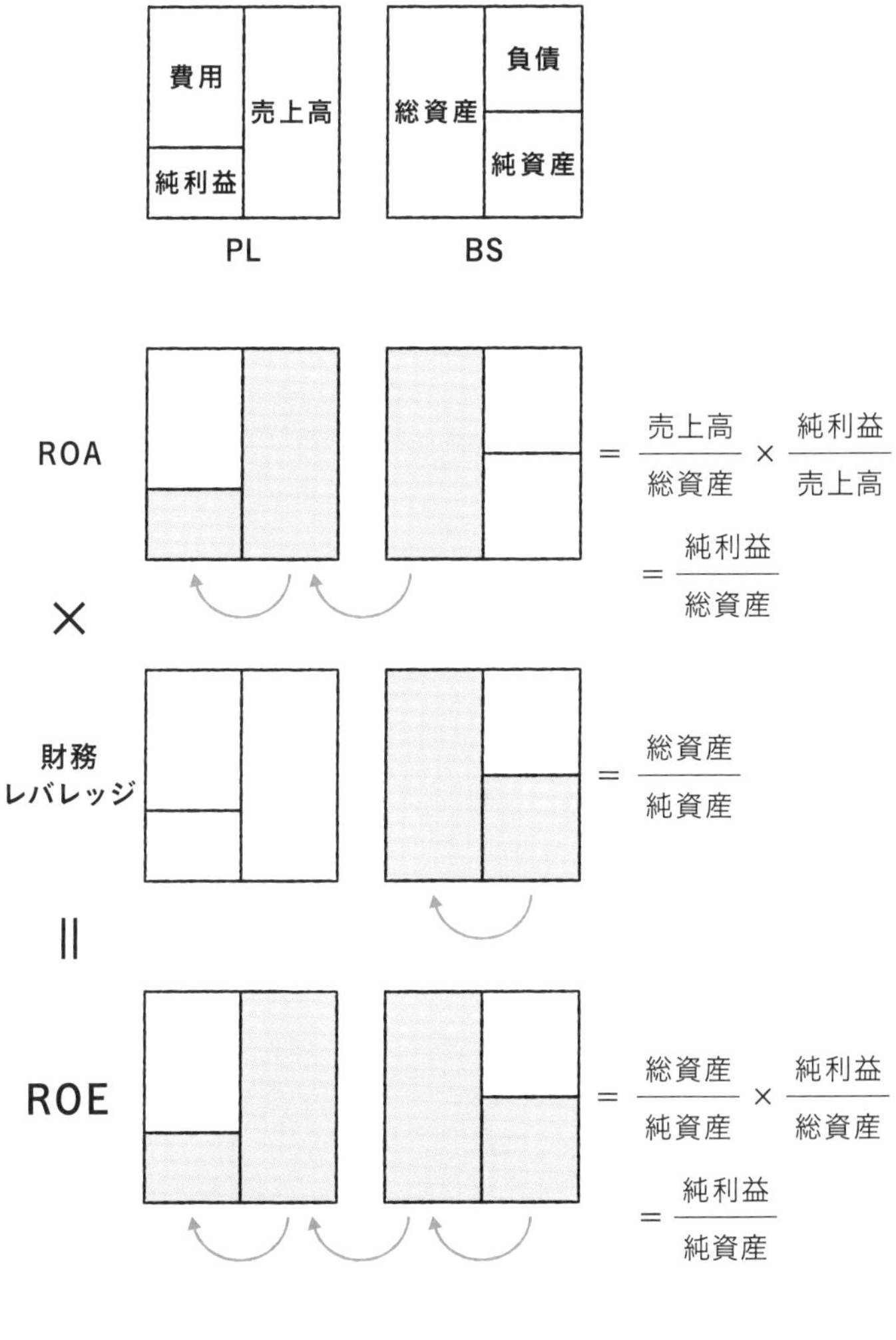

ニトリのROEは年々下がっている

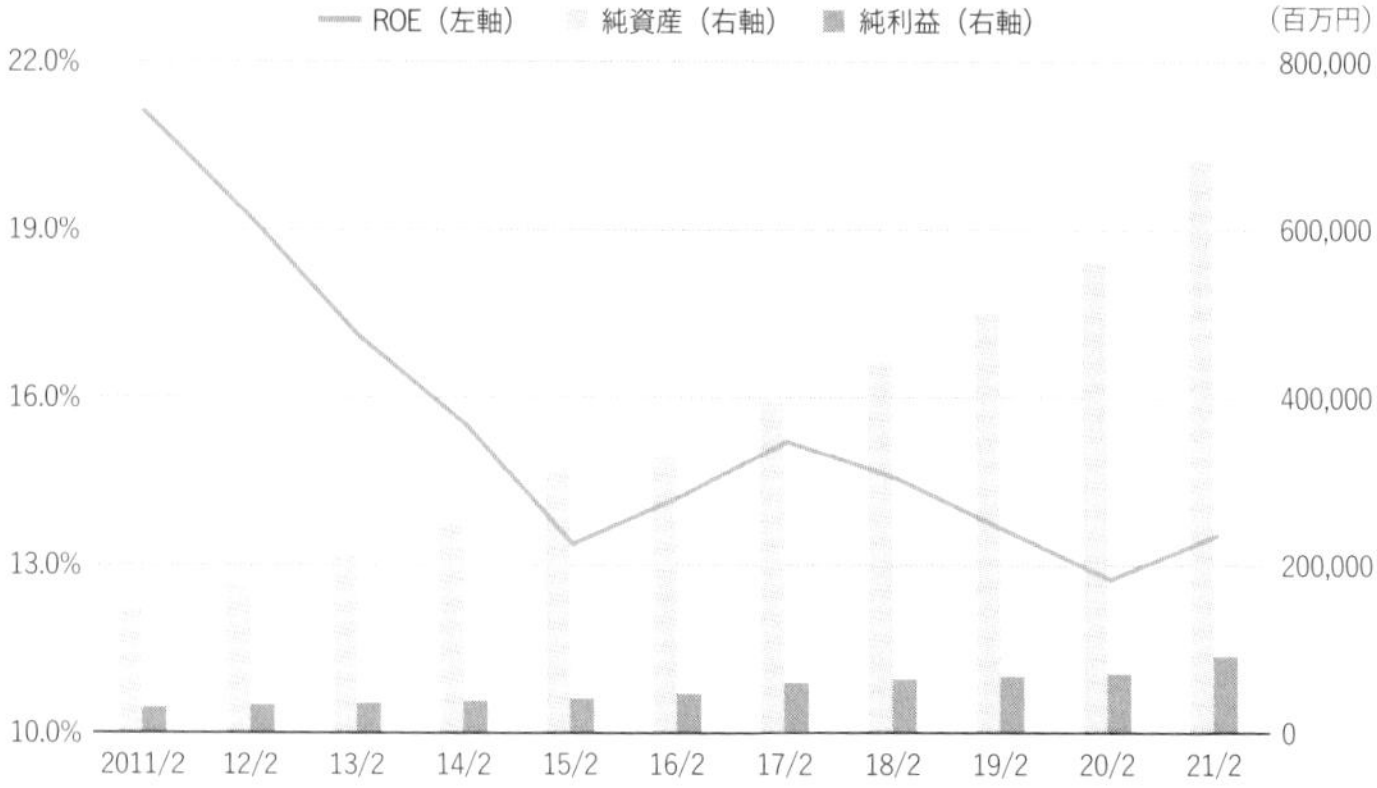

財務レバレッジを高くするとＲＯＥが高くなるという点には注意が必要です。

財務レバレッジが高いということは、自己資本比率が低いということでもあります。

財務レバレッジが高いためにＲＯＥが高くなっている場合は、安全性が犠牲になっている可能性があります。

ニトリのＲＯＥを計算してみましょう。

ニトリの純資産は６８１９億円、純利益は９２１億円ですので、ＲＯＥは13・５％になります。

高収益のニトリですが、実はＲＯＥは低下傾向にあります。

というのも、純利益が出ると、純資産が増えます。ＲＯＥは、分子の純利益よりも、分母の純資産のほうが増えると下がってしまいます。

利益率では本当の収益力はわからない

純利益率などの売上高利益率、ROA、ROE。

どれも収益性をあらわす指標ですが、どのように使い分けたらいいのでしょうか。

頭に入れておいていただきたいのは、純資産→総資産→売上高→利益という順番です。純資産をベースにして総資産があり、総資産をベースにして売上高があり、売上高をベースにして利益があります。

「売上高→利益」のところだけを見るのが売上高利益率です。

売上高利益率に、「総資産→売上高」の総資産回転率もくわえた「総資産→利益」がROA。

ROAに、「純資産→総資産」の財務レバレッジもくわえた「純資産→利益」がROEです。

会社が儲かっているか、ということにもっとも関心をもつのは株主です。株主にとっては、株主資本がどれだけ稼いだのかが重要ですから、収益性の指標としてはROEが重要です。

ROEには財務レバレッジが含まれています。ROEを高くするために、過度に財務レバレッジを高くしてしまうと、安全性が犠牲になってしまうという問題もあります。

純利益率、ROA、ROEは目的によって使い分ける

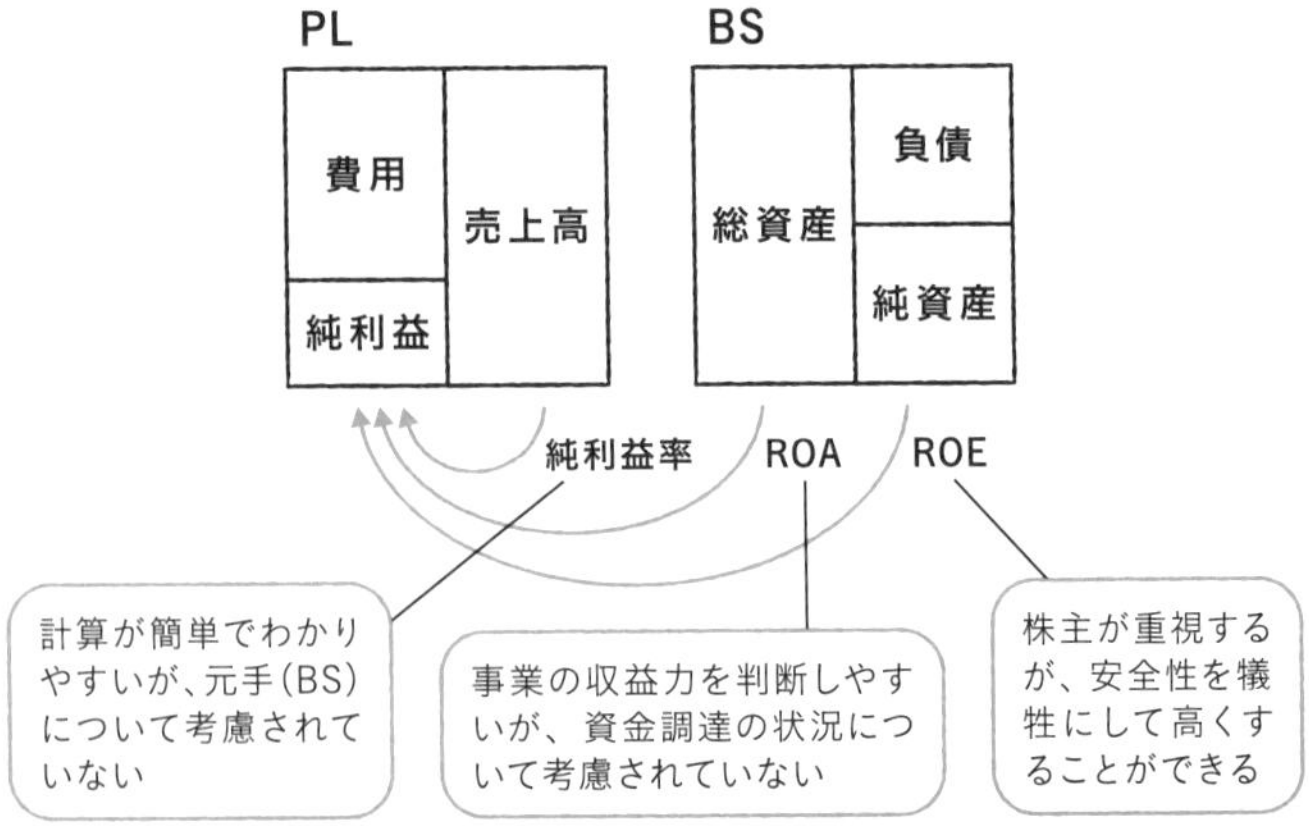

財務レバレッジの影響がないのはROAです。ROEよりROAのほうがすぐれた指標だと主張する人もいます。

売上高利益率は、PLだけで計算します。理解しやすいこともあって、新聞などで取り上げることもよくあります。

同業など、総資産回転率が似ている会社の収益性をくらべる場合は、売上高利益率が便利です。

ただ、売上高利益率は、元手について考慮されていません。違う業種の収益力をくらべる場合は、売上高利益率は適しません。業種ごとの違いは、売上高利益率が一番大きく、ROA、ROEの順で小さくなります。

トヨタ――売上日本一、実は借金も日本一

トヨタの主な決算数値

（百万円）

	自動車等	金融	全社
営業収益	25,103,190	2,162,237	27,214,594
純利益	1,875,467	369,824	2,245,261
総資産	35,194,499	28,275,239	62,267,140
純利益率	7.5%	17.1%	8.3%
総資産回転率	0.7	0.1	0.4
ROA	5.3%	1.3%	3.6%

優良企業の代名詞ともいえるトヨタ自動車。売上高にあたる営業収益は27兆円で日本一。純利益でも2019年度は日本一。

無借金と思っている人も多いようですが、実は日本一借金の多い会社です。

トヨタは自動車事業だけでなく、金融事業も行っています。自動車等の非金融事業と金融事業のそれぞれに分けた連結決算書を開示しています。

自動車等事業の純利益率は7・5%、金融事業の純利益率は17・1%。

一見すると、金融事業が儲かっているように見えますが、これだけで金融事業の収益力が高いとはいうことはできません。

ROAを見ると、自動車等事業は5・3%、金融事業は1・3%です。金融事業が足を引っ張って、会社全体のROAは3・6%です。

金融事業はROAが低い事業なのです。資産が大きくなる一方、受け取る利息が売上なので、売上が小さくなり、総資産回転率がとても低くなります。金利だけで総資産回転率を1回にするためには、年利100%で貸す必要がありますが、そんな利率はありえません。

お金を貸すビジネスのROAが低いのは宿命のようなもの。だから、ROEを高くするために、財務レバレッジを高くする必要があります。

トヨタは、20兆円を超える借入金があり、借入金の金額も日本一です。財務レバレッジ2・6倍で、ROEは9・2%になっています。

つまり、**トヨタの借金が多いのは、トヨタが金融事業をやっているからであり、お金を借りて貸すことで収益性を高めているのです。**

トヨタの金融事業は、自動車ローンや販売店に対する融資などです。あくまでも、自動車事業を補完するものです。ソニーのソニー生命、楽天グループの楽天カードのように、事業会社が金融ビジネスを事業の柱にしていくようなケースもありますが、トヨタが金融を事業の柱にすることはないでしょう。

自動車業界には電気自動車の波が押し寄せています。私が、ある自動車部品メーカーの経営者にお会いしたとき、「エンジン自動車が電気自動車になるというのは、カセットテープレコーダーがMP3プレーヤーになるようなものだ。部品は全然いらなくなってしまうんだ」と教えていただいたことがありました。

トヨタは、かんばん方式という仕組みで、必要な部品を必要なときに用意する徹底的な在庫管理を強みにしています。エンジン自動車にはスマイルカーブ（↓86ページ）はなく、膨大な数の部品を組み立てるプロセスで付加価値を産み出してきたのです。

でも、電気自動車では、組み立ての付加価値は小さくなるかもしれません。

電気自動車の時代になっても、トヨタは進化をとげて、日本を代表する光り輝く会社であり続けてほしいものです。

アップル――突出するROEのワケとは？

GAFA《ガーファ》。グーグル（Google）、アップル（Apple）、フェイスブック（Facebook）、アマゾン（Amazon）の頭文字をとったもので、アメリカのIT大手4社のことです。

そのなかでももっとも利益が大きいのがアップル。アップルの決算数値・財務指標からどんなことが読み取れますか？

ヒント　ROEを見てください。年々高くなっており、2020年9月期は87・9%。どうしてこんなに高くなったのでしょうか。

アップルの主な決算数値・財務指標

（百万ドル）

	売上高	純利益	総資産	純資産
2017/9	229,234	48,351	375,319	134,047
2018/9	265,595	59,531	365,725	107,147
2019/9	260,174	55,256	338,516	90,488
2020/9	274,515	57,411	323,888	65,339

	売上高純利率	総資産回転率	財務レバレッジ	ROA	ROE
2017/9	21.1%	0.6	2.8	12.9%	36.1%
2018/9	22.4%	0.7	3.4	16.3%	55.6%
2019/9	21.2%	0.8	3.7	16.3%	61.1%
2020/9	20.9%	0.8	5.0	17.7%	87.9%

GAFAの業績

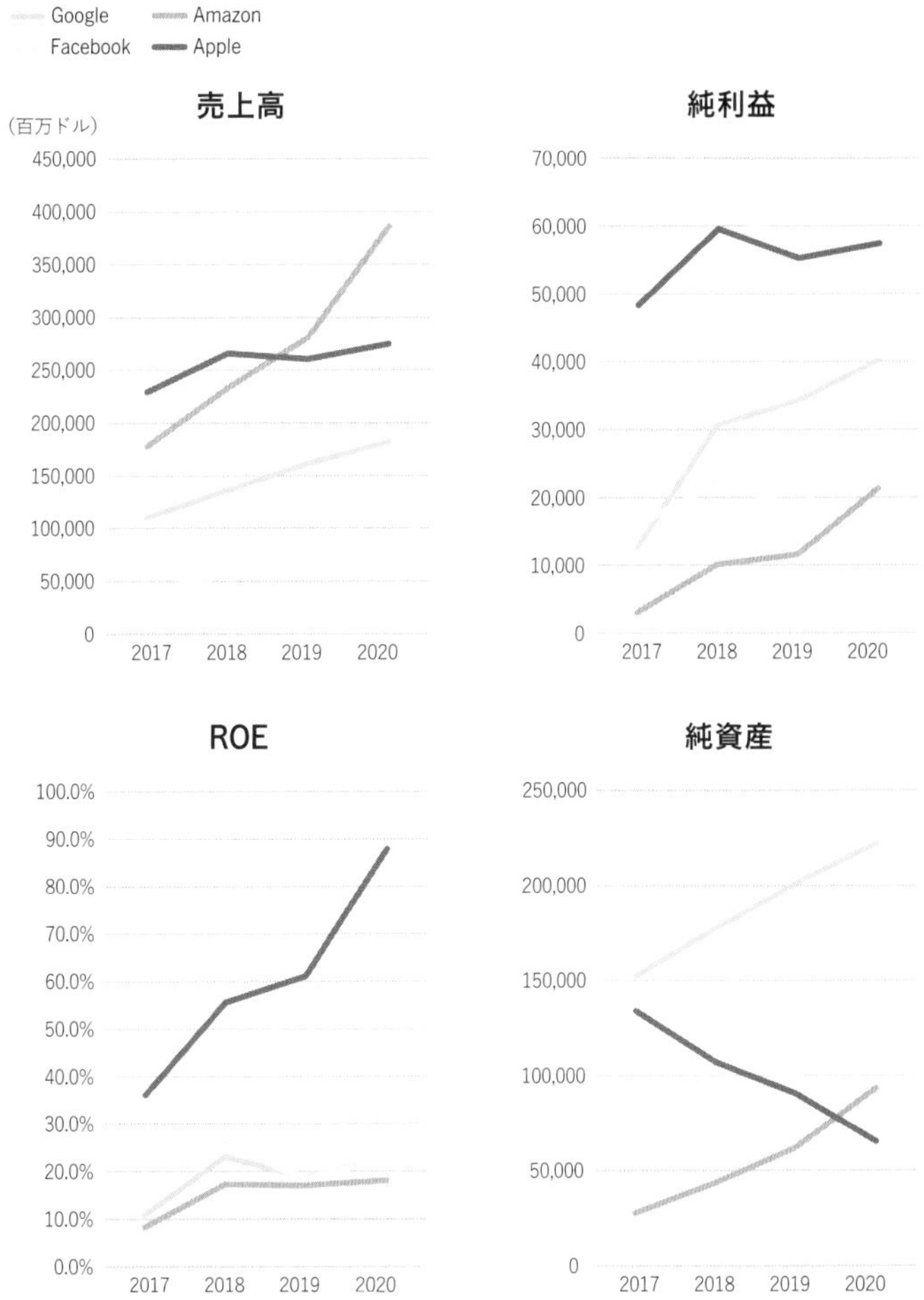

(注) Googleは持株会社Alphabetの連結決算

iPhoneのヒットでアップルの売上高は急成長した

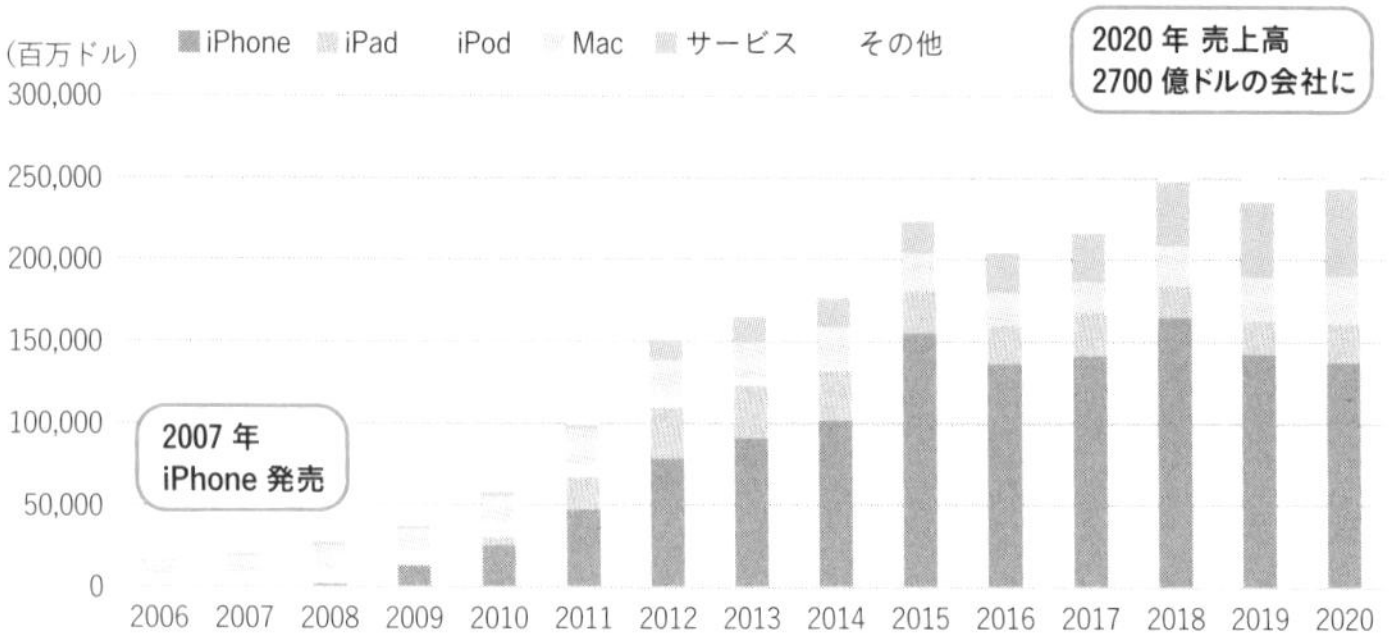

年々上昇を続けるROE。88%と脅威の水準です。**アップルのROEが高くなっているのは、利益が増えているからというより、純資産が減っているからです。**

アップルは、自社株買いや配当金の支払いといった株主還元をすすめて、純資産を減らしています。

GAFAの4社のなかで純資産を減らしているのはアップルだけです。

アップルは2006年にはiPodとMacが主力商品で売上高200億ドル（約2兆円。便宜的に1ドル100円で換算。以下同じ）の会社でした。2007に発売のiPhoneが大ヒットして、2020年には売上高2700億ドル（約27兆円）を超える会社になりました。

たった1つの商品でこれだけのインパクトがあるものは、iPhone以外には世界中を探してもないでしょう。ちなみに、ソニーの売上高は、テレビもゲームも映画も全部入れて9兆円です。

近年は、App Store、iCloudなどのサービスが伸びています。盤石な経営で、自社株買いによって純資産を減らしても成長を続けられるとの自信が感じられます。

BSとPLを見ることで、会社の安全性、収益性がわかります。

決算書には、現金の流れをあらわすキャッシュ・フロー計算書があります。

次の章では、キャッシュ・フロー計算書を見ていきましょう。

第5章

本が売れない時代に、なぜ多くの新刊が出るのか？

——お金の流れを読む　キャッシュ・フロー計算書（CF）

お金の流れ 1

本が売れない時代に、なぜ多くの新刊が出るのか？

出版不況といわれて久しく、本の販売額は20年以上減り続けています。ピークの1996年には1兆円以上もの書籍が売れていたのですが、2020年には7000億円を下回っています。

本好きの私としては寂しい限りですが、一方で、毎年、約7万点もの本が新たに出版されています。7万点というと、1日あたり200点にもなります。

全体の販売額が減っているのであれば、新刊点数も減りそうなものですが、新刊点数は20年前とくらべても減っていません。減っているのは、新刊1点当たりの販売額です。

書店の店頭には、昔も今も、多くの新刊が並んでいます。

本以外のほとんどの商品は売れ残ると値引きされますが、本には値引きがありません。本は、売れ残ると、値引きされずに出版社に返品されます。

この仕組みのおかげで、出版社は自分の決めた定価でさまざまな本を出すことができ、書店

本が売れない時代が続くが、新刊点数は減っていない

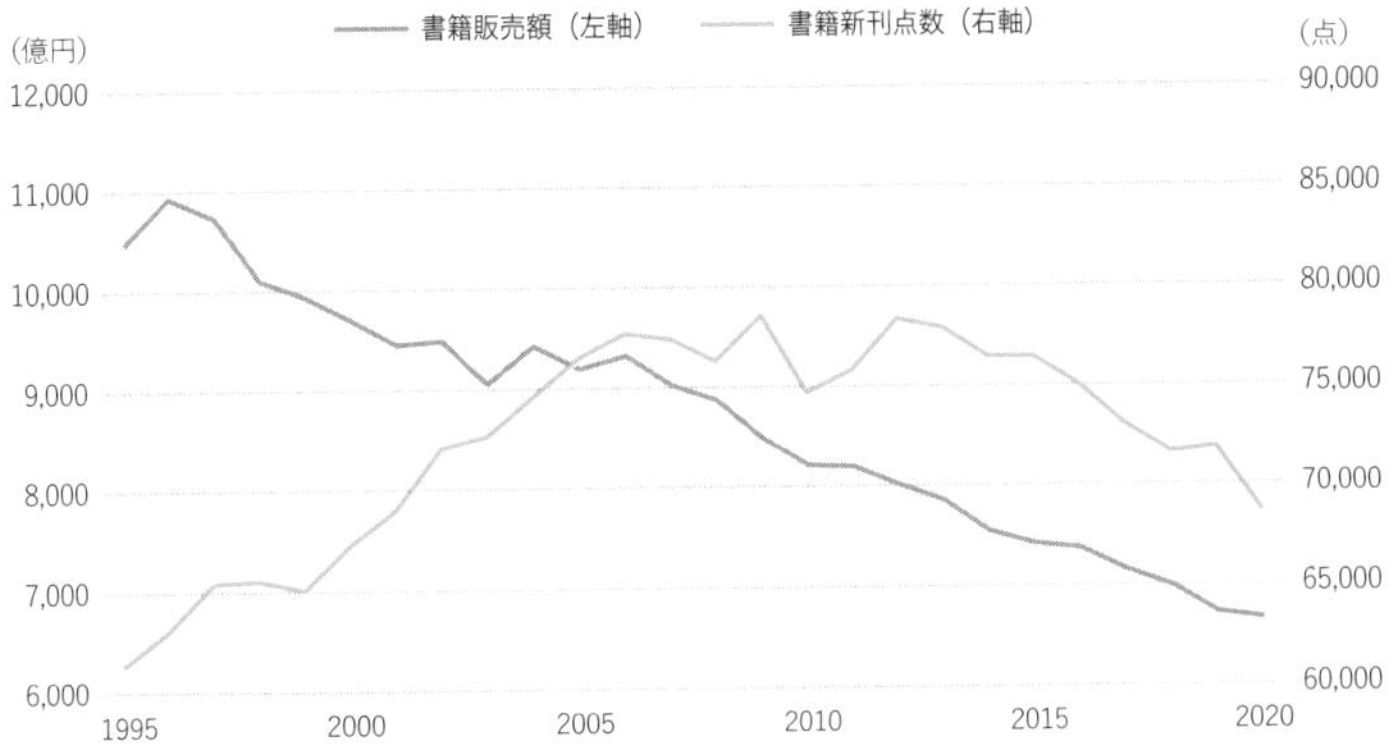

『出版指標年報 2021年版』より著者作成

は安心して定価販売ができ、私たちは誰もが同じようにさまざまな本を手にすることができます。

書店は、新刊と入れ替えるときにも返品します。新刊点数が多いこともあり、多くの本は、店頭に並ぶ期間があまり長くありません。本の返品率は、なんと30%以上にもなります。

出版社は、返品されてしまうので、新刊を出します。新刊を出せば、また書店に並びます。新刊1点当たりの販売額が減っているなか、新刊を出すことで売上を作っている面があるのです。

出版社は、本を、取次《とりつぎ》といわれる問屋に卸します。卸した時点ではまだ返品の可能性がありますが、売上代金が入金されるケースもあります。

この場合は、新刊を出せば、すぐに現金を手にすることができます。出版社の経営には、社員への給料、印刷代、著者への印税など、お金がかかります。なかには、**手元の現金が足りない場合に、新刊を出すことで現金を手にして、支払にあてる出版社もあるといわれています。**

他の業界では経営の苦しい会社は新商品を出せないことも多いのですが、出版社の場合は、経営の苦しい会社が新刊を次々と出すこともあります。

資金繰りは会社経営を左右します。

黒字でも現金がなくなれば倒産しますし、赤字でも現金があれば倒産しません。

会社経営では、現金が重要なのです。

お金の流れ

2

お金の流れはキャッシュ・フロー計算書でわかる

会社経営では現金が重要ですが、BSとPLでは現金の動きはわかりません。**現金の動きをあらわす決算書がキャッシュ・フロー計算書です。**

キャッシュフローを日本語に訳すと現金の流れ。日本では2000年3月期から導入された比較的新しい決算書です。

英語ではCash Flow Statement。貸借対照表はBS、損益計算書はPLというのは定着していますが、キャッシュ・フロー計算書は、CF、CFS、CSなど人によって略称が違います。この本ではCFと略して記載することにします。

BS、PL、CFの3つを財務3表といいます。CFは、BS、PLを補完する位置づけとして重視されています。

CFは、上場企業は必ず作っています。ただ、未上場企業はCFを作る義務がなく、ほとんどの会社は作っていません。

それでは、ニトリのCFを見てみましょう。

ニトリホールディングス　連結キャッシュ・フロー計算書

(2020年2月21日から2021年2月20日まで)

（単位：百万円）

営業活動によるキャッシュ・フロー	
税金等調整前当期純利益	130,696
減価償却費	17,831
減損損失	8,351
賞与引当金の増減額（△は減少）	701
退職給付に係る負債の増減額（△は減少）	389
ポイント引当金の増減額（△は減少）	591
受取利息及び受取配当金	△539
支払利息	294
支払手数料	1,000
持分法による投資損益（△は益）	△566
固定資産除売却損益（△は益）	58
持分変動損益（△は益）	81
売上債権の増減額（△は増加）	△991
たな卸資産の増減額（△は増加）	4,867
仕入債務の増減額（△は減少）	△99
未払消費税等の増減額（△は減少）	6,486
その他	15,424
小計	184,575
利息及び配当金の受取額	1,098
利息の支払額	△262
法人税等の支払額	△34,610
法人税等の還付額	79
営業活動によるキャッシュ・フロー	**150,879**
投資活動によるキャッシュ・フロー	
定期預金の預入による支出	△15,267
定期預金の払戻による収入	534
有形固定資産の取得による支出	△17,145
無形固定資産の取得による支出	△3,094
連結の範囲の変更を伴う子会社株式の取得による支出	△158,304
その他	△2,708
投資活動によるキャッシュ・フロー	**△195,985**
財務活動によるキャッシュ・フロー	
短期借入れによる収入	46,000
短期借入金の返済による支出	△30
長期借入金の返済による支出	△2,000
配当金の支払額	△12,497
その他	△1,162
財務活動によるキャッシュ・フロー	**30,309**
現金及び現金同等物に係る換算差額	△507
現金及び現金同等物の増減額（△は減少）	△15,304
現金及び現金同等物の期首残高	140,791
現金及び現金同等物の期末残高	**125,487**

（注）同社有価証券報告書より一部科目再集計等のうえ著者作成。

PLで重要な式は、「利益＝収益－費用」でした。
BSで重要な式は、「純資産＝資産－負債」でした。
CFで重要な式は、

キャッシュフロー　＝　収入　－　支出

です。**収入**は、現金が入ってくること。**支出**は、現金が出ていくこと。収入と支出の差額が**キャッシュフロー**です。キャッシュフローがプラスであれば現金が増えたということで、キャッシュフローがマイナスなら現金が減ったということです。

CFでは企業の活動を営業活動、投資活動、財務活動の3つに区分して、それぞれのキャッシュフローを示しています。

なお、現金は、正確には「現金及び現金同等物」で、普通預金や3カ月以内の定期預金など、リスクが小さくてほとんど現金と同じようなものも含みます。

営業CF

営業活動によるキャッシュ・フローは、略して**営業キャッシュ・フロー（営業CF）**とも呼ばれます。本業による現金の出入りです。現金の売上や、売掛金の回収といった収入と、仕入

キャッシュ・フロー計算書（CF）

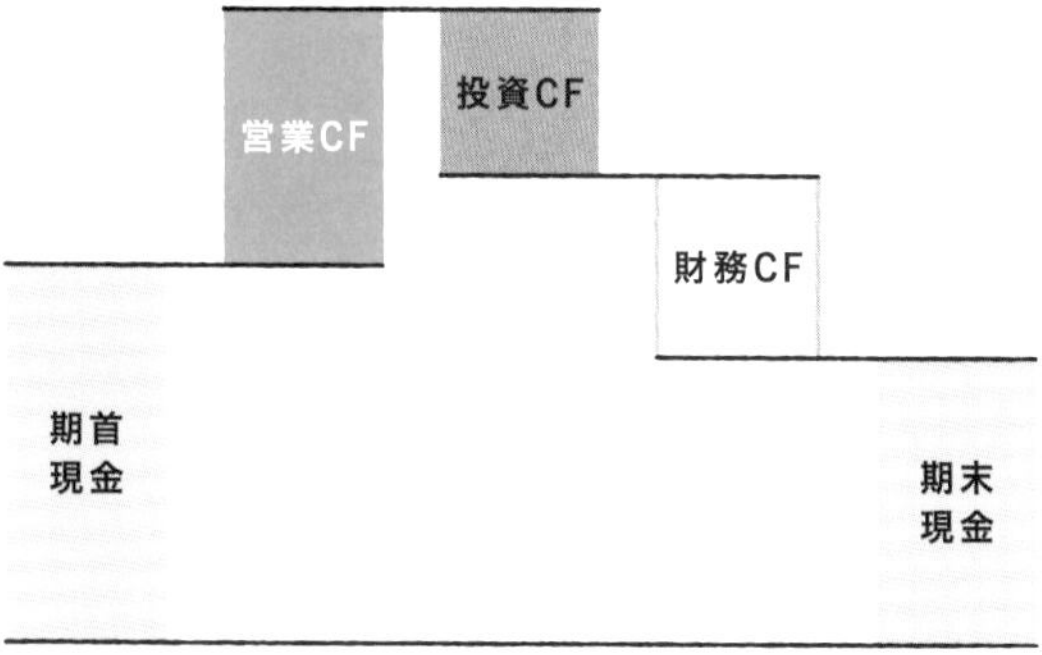

営業、投資、財務に分けて現金の流れをあらわす

れ代金や販管費の支払いといった支出の差額です。

投資CF

投資活動によるキャッシュ・フローは、略して**投資キャッシュ・フロー（投資CF）**とも呼ばれます。投資による現金の出入りで、投資には、工場や店舗などの設備投資や有価証券投資、M&A（企業買収）などがあります。投資をすると現金が出ていくので、マイナスになります。投資CFがマイナスということは、投資に現金を使ったということで、投資で失敗したということではありません。

　不動産や有価証券を売却して収入が多いとプラスになります。

　なお、一般的に投資という言葉は、人材投資、広告投資、研究開発投資というようにも使いますが、これらは投資ＣＦとは異なります。投資ＣＦは資産への投資です。人件費、広告宣伝費、研究開発費はＰＬで費用計上され、ＣＦでは営業ＣＦのマイナスになります。

財務ＣＦ

財務活動によるキャッシュ・フローは、略して**財務キャッシュ・フロー（財務ＣＦ）**とも呼ばれます。資金調達や返済などの現金の出入りです。借入や増資で現金を調達すればプラスになります。借入を返済したり、自社株買いをしたり、配当金を支払うとマイナスになります。

お金の流れ 3

会社の未来を予想する方法

ＣＦを見るときは、まず、営業ＣＦと投資ＣＦのプラスマイナスをみます。

営業ＣＦプラス、投資ＣＦマイナス：健全

ＣＦは、通常、営業ＣＦがプラス、投資ＣＦがマイナスになります。

これは、本業でお金を稼いで、投資にお金を使っているということで、健全な状態です。投資にお金を使うと投資ＣＦはマイナスになります。マイナスというと悪いことのように感じるかもしれませんが、そうではありません。

特に設備が必要な事業を行っている会社は、投資にお金を使うことで成長できます。工場や店舗が稼働して稼げるようになると営業ＣＦがプラスになります。投資に使ったお金を営業ＣＦで回収していくということになります。

営業ＣＦと投資ＣＦをあわせたものをフリーキャッシュフローといいます。

フリーキャッシュフロー　＝　営業ＣＦ　＋　投資ＣＦ

これが、会社が自由に使えるお金です。式では、営業ＣＦに投資ＣＦをプラスしていますが、通常は、営業ＣＦがプラスで、投資ＣＦがマイナスなので差し引きになります。**フリーキャッシュフローがプラスであれば、営業ＣＦの範囲内で投資をしているということで、資金的には順調です。**フリーキャッシュフローは借入金の返済原資にもなりますので、取引銀行としても望ましい状態です。成長を続ける会社は、プラスのフリーキャッシュフローを続けることが多いです。

フリーキャッシュフローがマイナスであれば営業ＣＦ以上に投資をしており、攻めの経営をしていることになります。

投資ＣＦは、経営者の意思があらわれやすい数字です。大きな投資をするのも経営者が決めることだし、投資をしないのも、資産を売却するのも経営者が決めることです。

フリーキャッシュフローがマイナスということは、積極的に投資をしているということです。経営者は将来に自信をもっていて、見通しどおりになれば、将来、増益になるだろうと予想できます。

ニトリは安定的に投資をしている

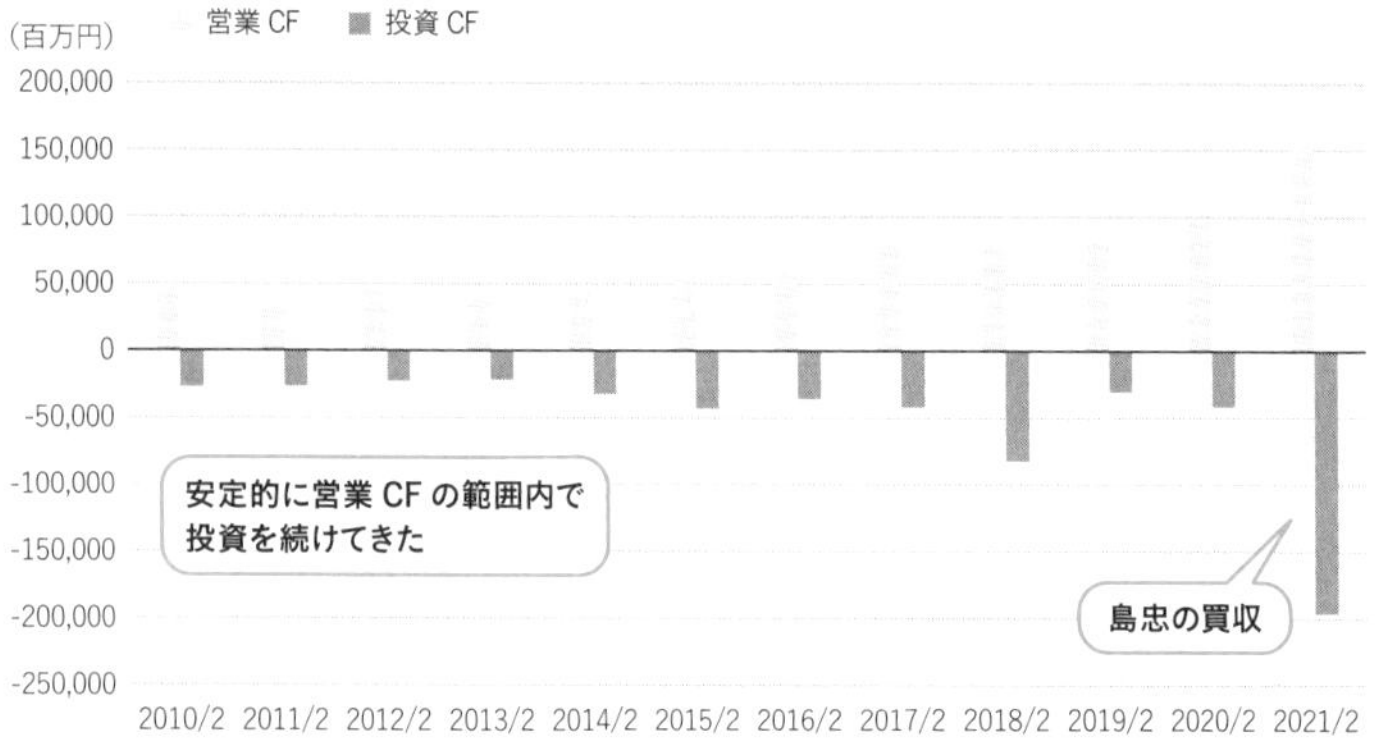

ただ、過大投資など投資の失敗が経営を悪化させることもあります。投資をしないと成長できませんが、投資をして回収できないのも問題です。

ニトリのCFを見てみると、安定的にフリーキャッシュフリーがプラスとなる範囲でプラスの営業CF、マイナスの投資CFを続けてきました。投資にしっかりとお金を使ってきたことがニトリの増収増益を支えてきたといえるでしょう。

2021年3月期は営業CFがプラス1500億円、投資CFがマイナス2000億円でフリーキャッシュフローがマイナスとなりました。これはホームセンターの島忠を買収したためです。成長意欲がうかがわれます。

ＪＲ東海 ——リニア中央新幹線の不都合な真実

巨額投資のゆくえはいかに？

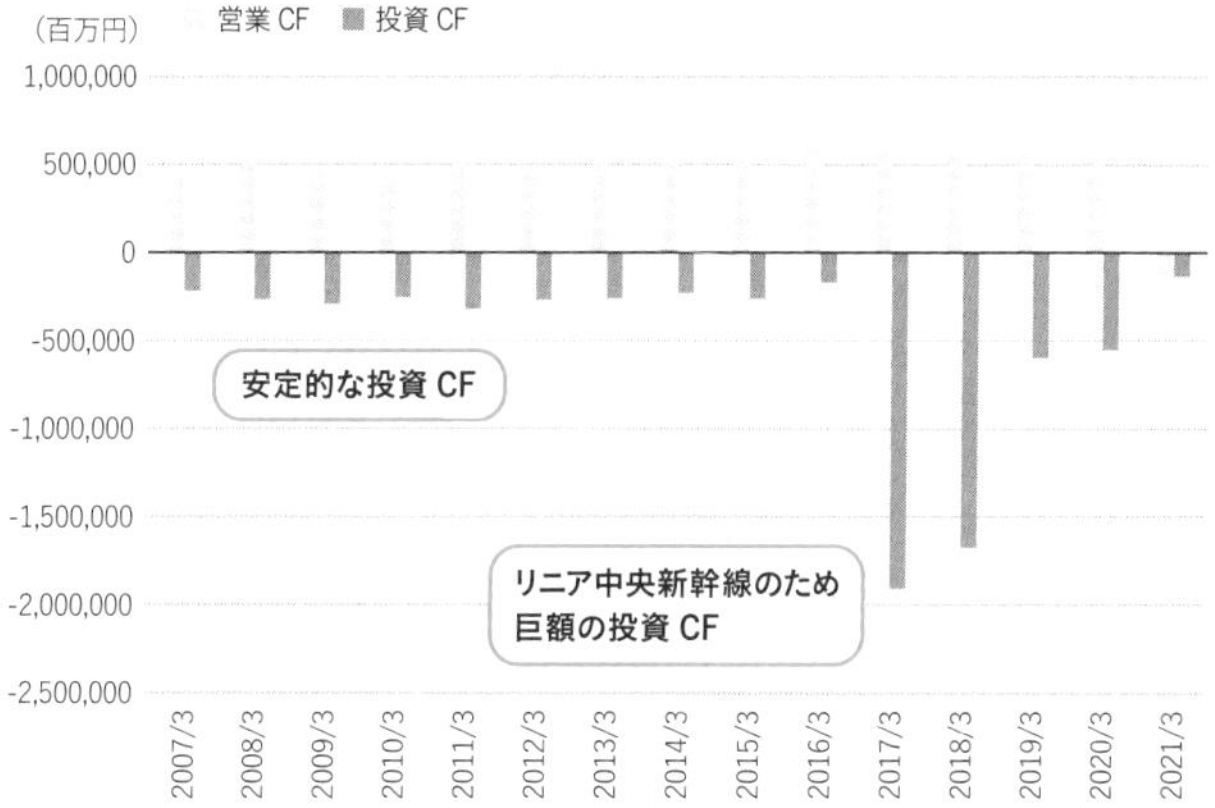

日本の大動脈、東海道新幹線で日本経済の一翼を担っているＪＲ東海。

営業ＣＦはプラス、投資ＣＦはマイナス、フリーキャッシュフローはプラスでずっと安定してきました。

１９９７年に国鉄民営化で発足した時に実質的に５兆円以上あった借入金は、その後の３０年間で３兆円以上返済し、２０１６年３月末には２兆円以下まで減らしました。

その翌年度から、リニア中央新幹線の建設資金のため、借入金が増えます。リニアの建設費は９兆円超と巨額です。

リニアの開業で、ＪＲ東海のキャッシュフローはどれだけ増えるでしょうか？

通常、設備投資をするときは、その設備投資による収支を考えます。たとえば、飲食店が新たに店舗を出すときは、その店舗の収支を考えます。

ところが、リニアの場合は、そうはいきません。リニアが開業すると、東海道新幹線の利用者が減ってしまうからです。

リニアの利用者増加と、東海道新幹線の利用者減少が打ち消し合うと、会社全体の収入は増えません。リニアの維持運営の支出が増えるだけになってしまいます。

実際、採算を合わせるのは簡単ではなさそうで、2013年に、JR東海の当時の社長の山田佳臣氏は、「絶対にペイしない」と発言しています。

大阪まで開業した後のリニアの維持運営費と設備更新費の合計は、2009年に公表されたJR東海の報告書によると、年間4000億円以上です。

コロナ前のJR東海は、インバウンド（訪日外国人旅行客）の増加もあって好調でした。リニア関連の投資をのぞいたフリーキャッシュフローは、プラス4000億円程度でした。

細かいデータはわかりませんが、リニア開業後の収入によっては、東海道新幹線で稼いでいたフリーキャッシュフローを食いつぶすだけということもありえるかもしれません。

もちろん、東京大阪間が1時間ちょっとで結ばれれば、飛行機から新幹線への利用者のシフトはあるでしょうし、沿線の利用者増加もあるでしょう。

リニア中央新幹線開業後のフリーキャッシュフローのイメージ

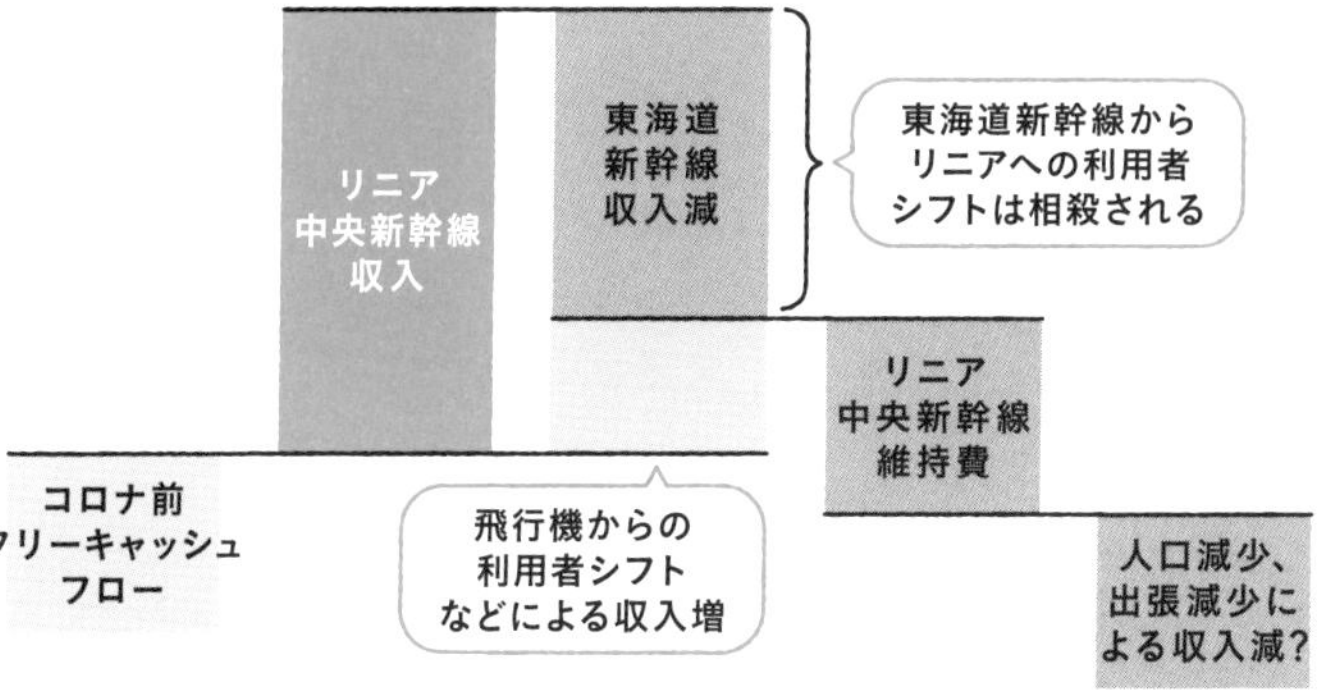

リニア中央新幹線の開業によりJR東海の
キャッシュフローは苦しくなる可能性がある

ただ、2008年に1億2800万人でピークだった日本の人口は、2048年には2割以上減って1億人を割り込むと予測されています。

また、コロナでテレワークが浸透しました。日常の仕事でも在宅なのですから、企業の出張がコロナ前のように戻ることはないでしょう。東海道新幹線の利用客の7割は出張・ビジネス目的でしたので、影響は小さくありません。

リニア開業後のJR東海の収入は、コロナ前を上回らないかもしれません。もしコロナ前よりも下回ってしまうとフリーキャッシュフローが赤字になってしまう可能性もありそうです。

東海道新幹線のバイパス化、地震への備え、経済波及効果といった面もあると思いますが、コロナ後の人の動きによっては、今後、計画を見直すべきときが来るかもしれませんね。

お金の流れ 4

お金を使わないとお金はなくなる

ＣＦでは、営業ＣＦがプラス、投資ＣＦがマイナスというのが健全な状態です。そうではない場合もあります。そのときは要注意です。

営業ＣＦプラス、投資ＣＦプラス：停滞

営業ＣＦがプラスなので、本業でお金を稼いでいます。

投資ＣＦがプラスということは、投資がうまくいっているということではありません。不動産や有価証券を売却しているということです。

本業でお金を稼いでいるのに、投資にお金を使っておらず、投資機会がなく停滞している可能性が考えられます。

投資をしないと成長を続けることはできませんから、先行きが心配です。

この状態が続くようだと営業ＣＦがマイナスになってしまう可能性もあるでしょう。投資機会を見いだしていくことが必要です。

営業CFマイナス、投資CFプラス：後退

本業で現金が生み出されていないのは、問題です。

不動産を売却するなどして、資金繰りを回している状態です。

売るものがなくなってしまえば、投資CFのプラスを続けることはできません。

営業CFマイナス、投資CFマイナス：経営改善

本業で現金が生み出されていないうえ、投資にお金を使っています。

必要な資金は、借入金で調達するなど財務CFでまかなっているか、現金を取り崩しているかどちらかです。

長く続けることはできませんが、投資効果が出て営業CFをプラスに転じさせたいところです。

大塚家具 ――「かぐや姫」も父親と同じだった

1969年、大塚勝久氏が創業しました。その当時、家具といえば、百貨店が問屋から仕入れて売る高級家具が一般的でした。

大塚家具は、問屋を通さず、メーカーから直接仕入れることで安く売るビジネスモデルをは

じめました。

今でこそ安い家具といえばニトリですが、家具の価格破壊の先駆けは大塚家具なのです。

大塚家具は、郊外の戸建て住宅向けの高級家具需要を狙いました。会員制を導入し、丁寧な接客で、嫁入り道具をまとめ買いしてもらう戦略がうまくいき、増収増益を続けました。

ニトリと大塚家具の売上高をくらべると、今はニトリのほうがとても大きいですが、1990年代は、大塚家具のほうが大きかったんです。


その後、クローゼットが備え付けられた住宅が一般化し、嫁入り道具を用意しない結婚も増えると、勢いは止まります。2005年度には投資CFもプラスになりました。売上が伸び悩んでも、勝久社長は、稼いだお金を投資には回しませんでした。

2008年度にはついに赤字に転落してしまい、翌年、勝久氏の娘である大塚久美子氏が社長に就任。久美子社長はカジュアル路線に舵を切り、黒字への復活を果たしましたが、投資CFはプラスを続けます。久美子社長も、投資にお金は使わなかったのです。

その後、勝久氏と久美子氏は、経営方針をめぐって対立。注目を集めた「お家騒動」の結果、勝久氏は退任することとなります。

家具屋なので「かぐや姫」といわれた久美子社長が経営のかじ取りを担い、会員制を廃止するなどの取り組みを進めますが、赤字決算が続いてしまいます。

大塚家具は投資にお金を使わない経営を続けた

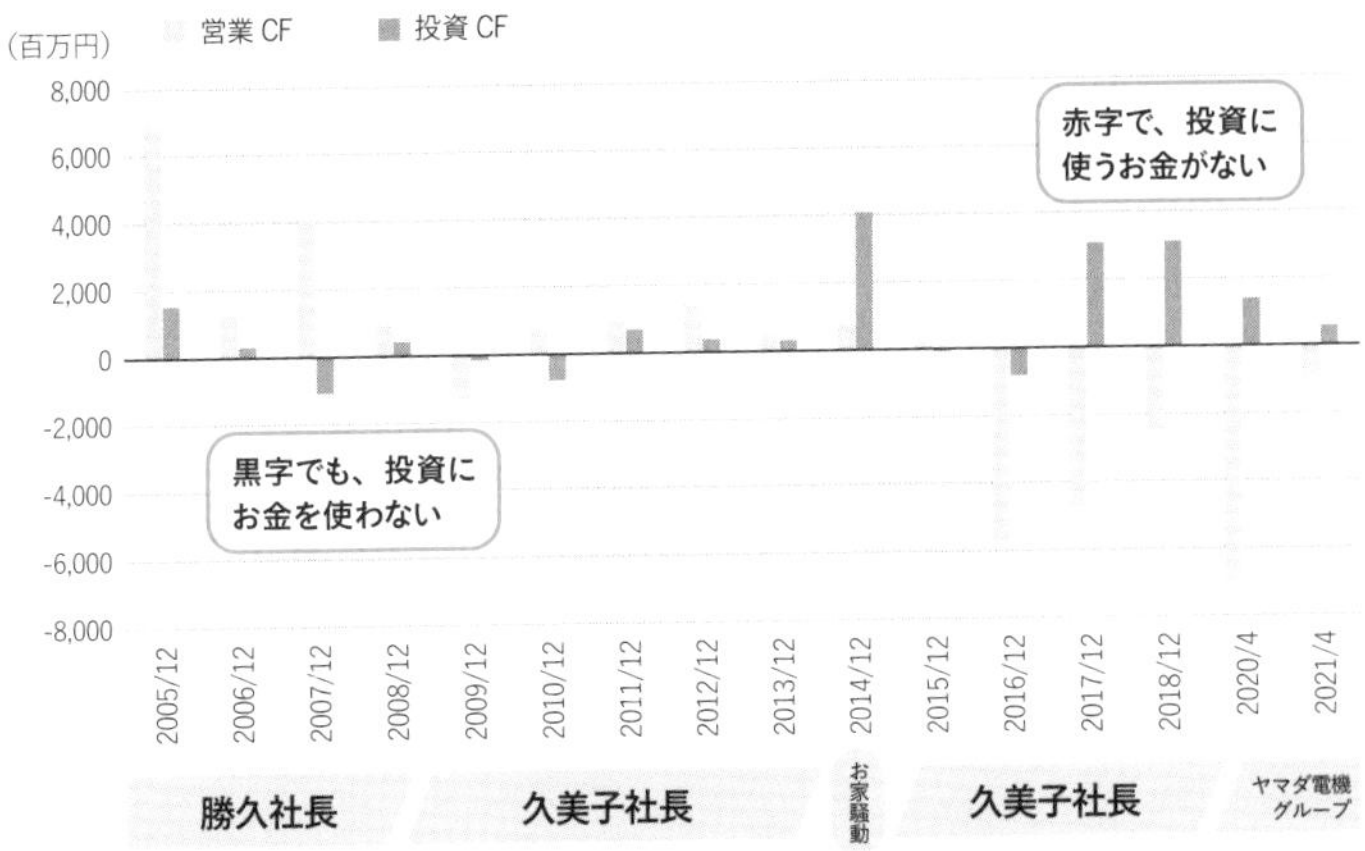

持っていた資産を次々に売却し投資CFはプラスですが、営業CFのマイナスをカバーできません。

現金残高は激減してしまい、2019年にはヤマダ電機のグループに入り、2020年に久美子社長は退任しました。

親子で経営方針は対立しましたが、2人とも、投資にお金を使わないというスタンスは同じでした。**投資にお金を使わなかったので、成長路線に復活することもできなかったともいえるでしょう。**

赤字でも黒字、黒字でも赤字

CFの一番上の行は、税金等調整前当期純利益です。そこから利益とキャッシュフローが一致しないものを加減して、キャッシュフローを計算します。**利益とキャッシュフローにずれがあるのは、収益・費用と収入・支出は一致しないことがあるからです。**

たとえば、収益でも収入がないことがあります。後日まとめて代金を受け取るような売上取引の場合は、売上が計上された時点では、収入はありません。現金が増えていないので、CFではこの分を差し引きます。

減価償却費

費用なのに支出がないこともあります。その代表例が**減価償却費**《げんかしょうきゃくひ》です。減価償却費というのは、聞きなれない言葉かもしれませんが、会計上の費用です。

減価償却費って何？

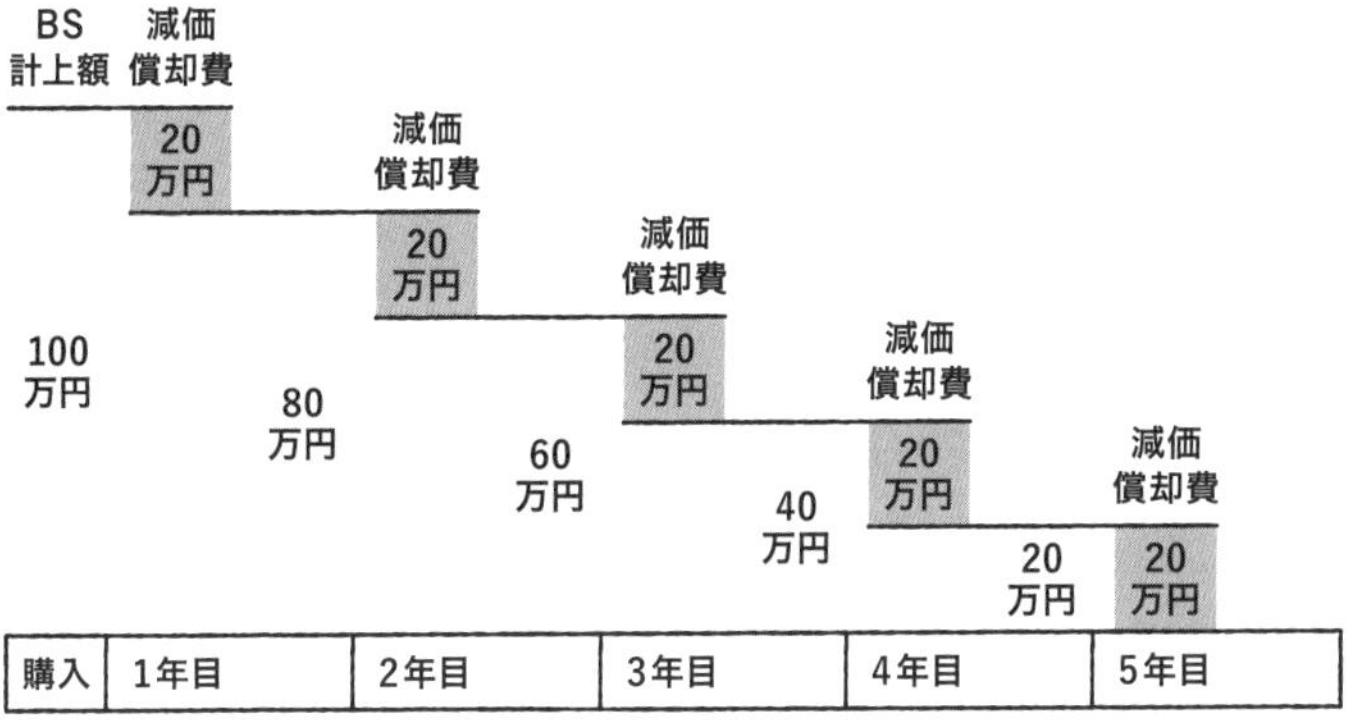

**減価償却費は、長期間使う固定資産の
残高を減らすときに計上する費用**

たとえば、１００万円で自動車を買うと、ＢＳには１００万円の自動車が計上されます。この自動車を5年使うとしましょう。ＢＳは5年間ずっと１００万円のままというわけではありません。１年後には80万円、2年後には60万円、そして5年後はゼロというように、使う期間にわたってＢＳの金額を減らしていきます。

資産が減ると費用になります（→１０６ページ）。お金を支払うわけではありませんが、自動車の帳簿上の金額を20万円減らしたとき、費用を20万円計上します。これが減価償却費です。**減価償却費とは、長期間にわたって使う固定資産について、その使う期間に配分して計上する費用のことをいいます。**

減価償却費は費用ですが支出がないので、ＣＦでは足し戻します。

CFの仕組み

キャッシュフロー、つまり、現金の増加額は、当期末のBSの現金残高と、前期末のBSの現金残高の差額です。ですから、実務上は、当期末のBSと前期末のBSの残高の差額を計算することで、CFを作ります。

「純資産＝資産－負債」という式の「資産」を「現金」と「その他の資産」に分けると、「純資産＝現金＋その他の資産－負債」となります。ということは、「現金＝負債＋純資産－その他の資産」です。したがって、

現金の増加額　＝　負債の増加額　＋　純資産の増加額　－　その他の資産の増加額

となります。この式を暗記する必要はありません。意味していることは単純で、借入をしたらお金が増える（負債の増加→現金の増加）、物を買ったらお金が減る（その他の資産の増加→現金の減少）といったことです。

こういったBSの増減額を営業CF、投資CF、財務CFに分けたのがCFです。

税金等調整前当期純利益は、純資産が増えるのでCFではプラス。これがCFの一番上の行にあります。

キャッシュ・フロー計算書は、当期と前期のBSの差額から作られる

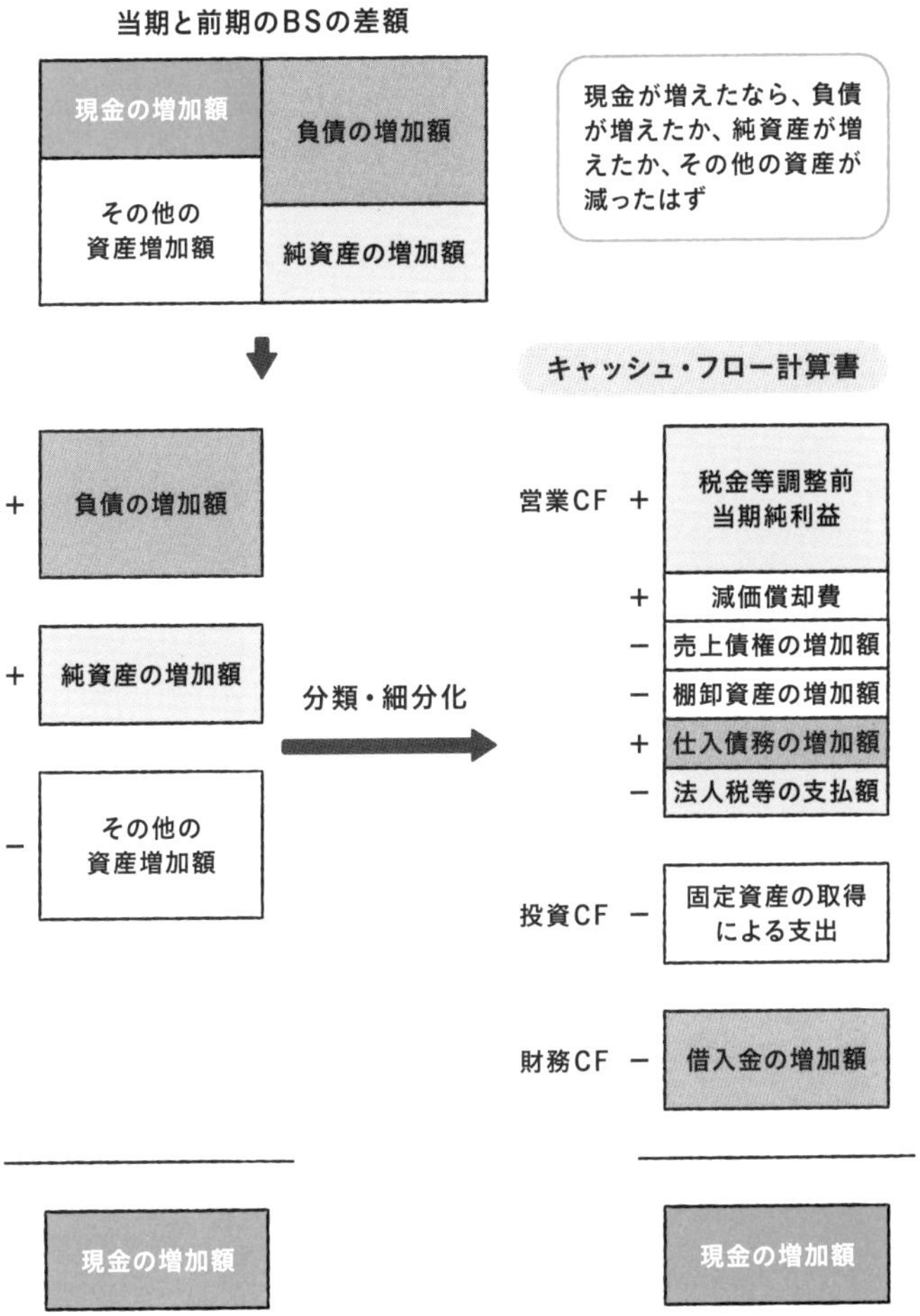

また、売掛金が減っていればＣＦではプラス。減価償却費は固定資産が減るのでＣＦではプラスです。

売掛金を回収して売掛金が減ったとき、収益ではありませんが収入があります。減価償却費は、費用だけど支出はありません。

収益と収入が一致しないとき、また、費用と支出が一致しないときは、その他の資産か負債の残高が変わっているわけです。

ここでおさえておいてほしいポイントは、その他の資産が増えれば増えるほど、資金繰りは厳しくなり、負債や純資産が増えれば増えるほど、資金繰りは楽になるということです。売上債権はできるだけ早く回収したほうがいいし、商品はできるだけ早く売ったほうがいいし、仕入債務はできるだけ遅く支払ったほうがいいのです。

ＲＯＡの観点では、利益が変わらないなら、資産は少ないほうがいいと説明しました（↓149ページ）。キャッシュフローの観点でも資産が増えないほうがいいのです。

資産が増えているときは要注意

ＰＬが黒字でも営業ＣＦが赤字になることがあります。

黒字倒産のカラクリ

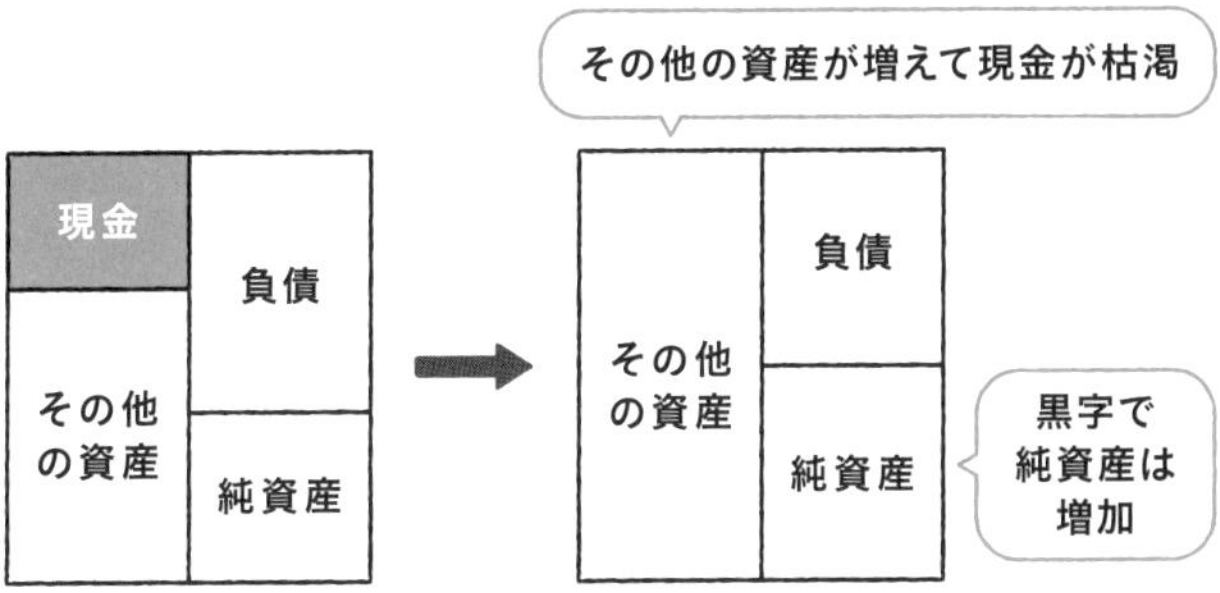

利益を計上しても現金が増えるとはかぎらない

たとえば、商品が売れずに在庫がたまってしまったり、商品は売れても代金が回収できずに売上債権がたまってしまっていることが考えられます。

こういう場合は、不良在庫や不良債権になってしまう可能性もあり、PLが好調に見えても、実態は苦しい可能性があります。

「黒字倒産」という言葉がありますが、PLが黒字でもお金がなくなれば倒産してしまうのです。

売上が増えるのにともなって資産が増えるのは普通ですが、**売上が増えていないのに資産が増えているときや、売上急増・資産急増で営業CFのマイナスが続いているときは要注意です。**

メルカリ　――なぜPLは赤字なのに、CFは黒字だったのか？

メルカリは２０１３年に山田進太郎氏が設立した会社で、フリーマーケットのアプリで国内首位です。

毎期増収で成長しています。２０２１年６月期は黒字となりましたが、２０２０年６月期まで赤字が続いていました。２０２０年６月期の売上高は７６３億円、純損失は２２８億円。一方、営業ＣＦはプラス１２５億円です。ＰＬでは大きな赤字なのに、営業ＣＦは黒字だったのです。

そのカラクリは、代金の受取と支払いのタイミングの違いにあります。

リアルのフリーマーケットでは、買った人が売った人に直接代金を支払います。ところが、メルカリの場合は、買った人と売った人の間の代金決済は、メルカリを通して行われます。

メルカリで商品が売れると、まず、商品を買った人がメルカリに代金を支払います。そして、出品者が発送して、買った人が商品を受け取ってから、メルカリが、預かっていたお金を出品者に支払います。つまり、メルカリから見ると受取が先、支払が後なのです。

普通のビジネスとは逆ですね。普通のビジネスは、商品を仕入れるのにお金を払うのが先です。商品が売れてから、代金が入ってきます。

支払と受取、どっちが先？

普通のビジネス

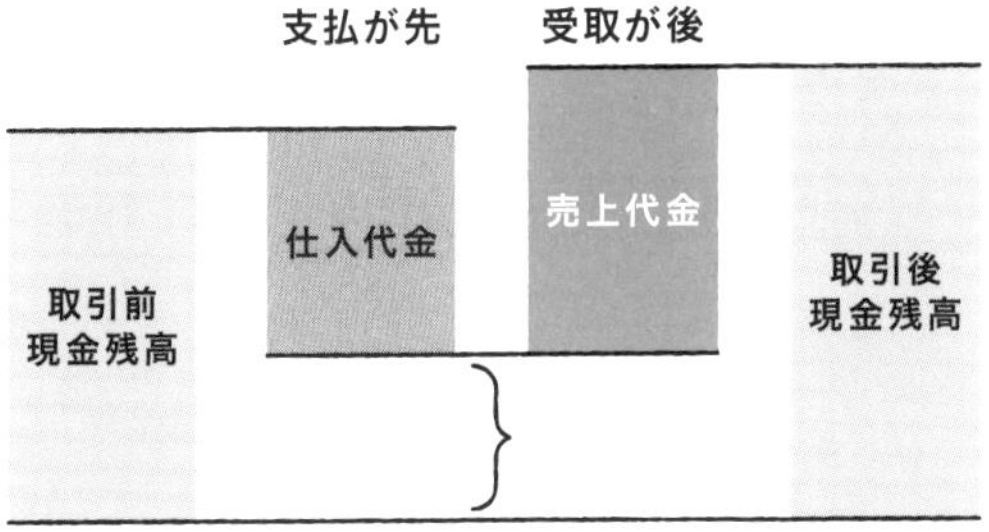

支払が先なので資金繰りは厳しい

メルカリ

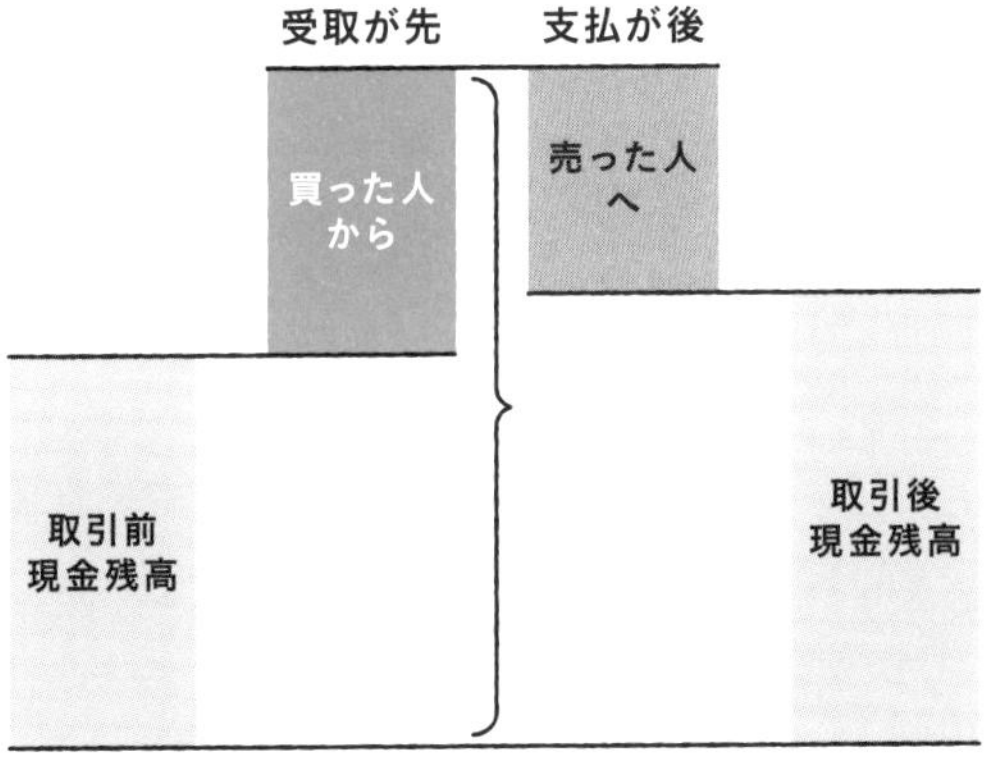

受取が先なので資金繰りは楽

メルカリは負債が増えたので、赤字でも現金が増えた

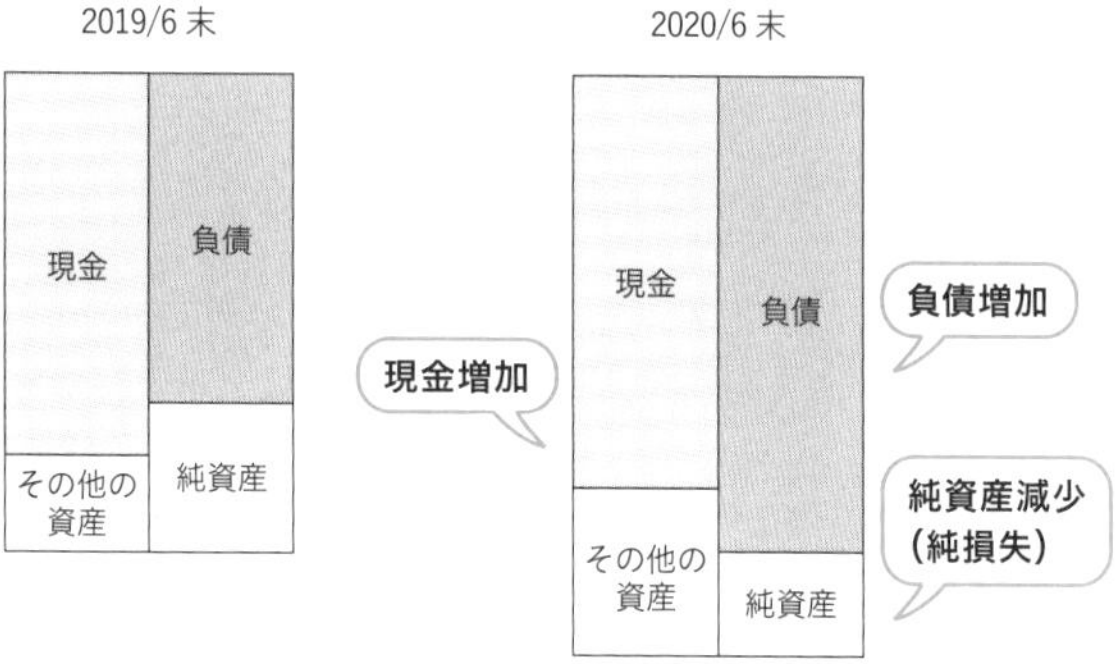

普通のビジネスでは、売上が伸びると、先に支払う金額が増えるので、資金繰りは厳しくなります。

メルカリは違います。売上が伸びれば伸びるほど、預かるお金が増え、資金繰りが楽になります。これも、赤字を続けることができた理由といえるでしょう。

メルカリがお金を預かると、ＢＳでは預り金という負債が計上されます。ＣＦでは、負債の増加は、現金の増加です。

しかも、メルカリは、２０１９年にＱＲコード決済のメルペイをはじめました。出品者は、売上代金を振り込んでもらうのではなく、メルペイで買い物に使うことができます。買い物をするまで売上代金はずっとメルカリにプールされているのです。

アマゾン　――利益よりキャッシュを体現する会社

アマゾンのロゴは、ａｍａｚｏｎのａからｚに矢印が結んであります。ａからｚ、つまり、何でもそろっていることを意味しています。

アマゾンはネット書店でスタートしましたが、今はロゴの通りさまざまな商品を扱っており、ネット通販で世界一の会社です。

楽天との比較で、楽天はモール型、アマゾンは仕入販売型と説明されることがあります。楽天はネットモールですから、商品を売るのはネットショップ（出店者）であり、楽天が仕入れて売るのではありません。アマゾンは仕入販売型なので、みずからが仕入れて売ります。

ところが、もはや、この説明は古いものとなりました。アマゾンはマーケットプレイスというサービスを提供していて、第三者もアマゾンで商品を売ることができます。アマゾンの取扱高は、仕入販売型よりマーケットプレイスのほうが大きくなりました。

仕入販売型で成長してきたアマゾンには、倉庫など物流の仕組みがあります。マーケットプレイスでもその物流の仕組みをいかしたサービスを提供しています。マーケットプレイスの出品者は、アマゾンの倉庫に物を送れば、アマゾンが年中無休で、保管、発送や返品対応までも代行してくれるのです。通常のモール型では出店者が保管や発送などをやる必要があります。

ネット通販で世界を席巻していますが、実はネット通販はアマゾンの稼ぎ頭ではありません。

キャッシュフロー経営を続けるアマゾン

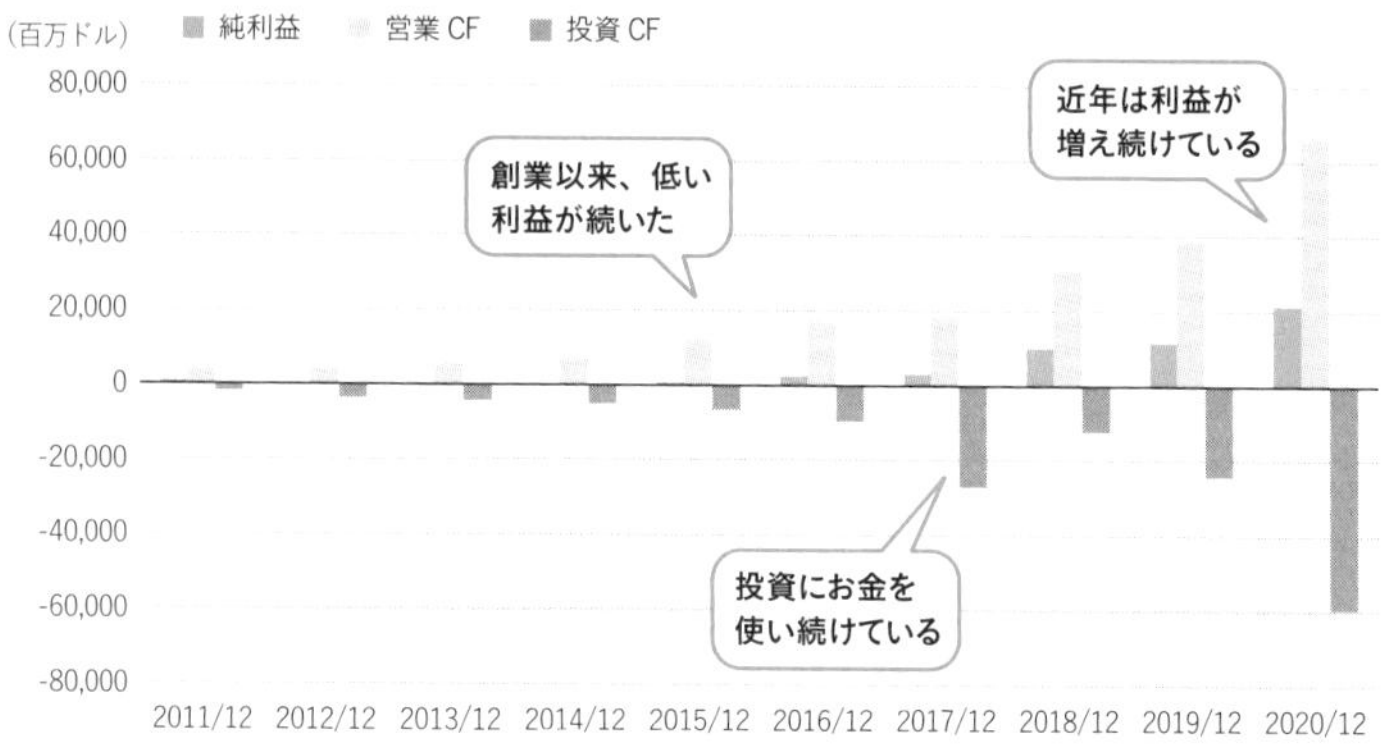

　アマゾンでもっとも利益を上げている事業は、AWS（アマゾンウェブサービス）というクラウドサービスです。インターネットを介して、サーバーやデータベースを提供しています。

　革新的なサービスを開発しつつ、ビジネス領域を拡大して成長を続けるアマゾン。「会計上の利益と将来のキャッシュフローのどちらかを選べといわれたら、キャッシュフローを選ぶ」と公言し、キャッシュフローを重視しています。CFは財務3表のなかで最後にのせるのが普通ですが、アマゾンは最初に載せています。

　創業以来、利益が少ない時代が長く続きました。売上高が1兆ドル（約100兆円。便宜的に1ドル100円で換算。以下同じ）の大台に乗った2015年度の純利益は6億ドル（約600億円）。純利益率は1%もありません。ただ、営業ＣＦで稼いだ現金を、投資に回すという経営はずっと続けてきました。

その後、利益も右肩上がりで増え始めます。２０２０年度の純利益は２１０億ドル（約２・１兆円）。営業ＣＦは６６０億ドル（約６・６兆円）、投資ＣＦはマイナス６００億ドル（約６兆円）です。

純利益より営業ＣＦが大きいのは、減価償却費のためです。投資が巨額なので、減価償却費も巨額になります。また、マーケットプレイスも営業ＣＦを産み出します。マーケットプレイスの現金の流れはメルカリに似ているところがあって、出品者への支払いは売れたあとです。受取が先、支払が後なのです。

６兆円の投資ＣＦは巨額です。ヤマト運輸を傘下にもつヤマトホールディングスは１９１９年の設立です。設立以来１００年かけてつみあげてきた固定資産は５０００億円。アマゾンは、その10社分以上を、１年で投資しました。

２０２１年７月、創業者のジェフ・ベゾス氏は退任しました。理想としていたビジネスの形が完成したと感じたのかもしれません。

ジェフ・ベゾス氏の言葉を紹介しておきましょう。

これまで選択してきた結果が、今の私たちなのだ。

おわりに

最後までお読みいただき、ありがとうございました。

これで一通り、決算書の読み方を説明しました。

決算書を読む力をつけるには、「数稽古」も大切です。ここまでお読みいただいたあなたは、企業ファイルと実践エクササイズだけで、31社もの決算書にふれてきました。これは自信をもっていただいていいことです。

頭で理解したことだけでなく、知らず知らずのうちに身に付いた「決算書感覚」もあるでしょう。


私は、決算書にどっぷりつかっている生活をしているようなもので、気になる会社があればすぐに決算書を見てしまいます。

何か目的があるわけではなくても、決算書を読んでいると、いろいろな発見があって楽しいものです。

ただ、多くの人は、そこまで決算書に関心をもてないのもわかります。

どちらかというと、「決算書を読めなくても困らない」とか、「困らないけれど読めるぐらいにはなっておきたい」とか、「仕事で必要なので最低限の知識はつけたい」という人のほうが多いでしょう。

そういう人にも、決算書をより身近に感じてもらいたいとの思いをもって、この本を執筆しました。

まだ実際の決算書を見たことがないという方は、必要なときや、何か役に立ちそうなときなど、きっかけがあるときに決算書を読んでみるところからはじめていただけるといいと思います。

決算書が役立つ場面はさまざまですが、いくつか代表的な場面とそれぞれの読み方をご紹介しておきます。

会社勤めをしている方

ご自分が働いている会社の決算書をご覧になったことはありますか？

見ることができるなら見てみることをおすすめします。

自分が働いている会社の決算書をはじめて見ると、会社の経営には思いのほか費用がかかると感じる人が多いようです。

売上があって、さまざまな費用があって、そのなかには自分の給料も含まれている。そんなことに気づくだけで、会社と自分の関係について考え、仕事への意識も変わるかもしれません。

もし、会社が倒産しないか心配でしたら、BSの安全性を中心に見るといいでしょう。これまでに利益を稼いでいて、十分に自己資本比率が高ければ、最近の業績が悪くてもすぐに倒産する心配がない場合もあります。

就職・転職をお考えの方

就職・転職にあたっては、どのような会社で働きたいのかによって決算書の見るポイントが違います。

給与などの待遇面を重視するなら、PLで収益性を見てみましょう。収益性の高い会社は、給与も高い傾向があります。また、会社が成長すれば、収益性も高まり、待遇もよくなることが期待できるでしょう。もちろん、会社の成長に自分が貢献できることが大切です。

安定を重視するなら、BSを中心に安全性を見るといいでしょう。PLは、直近期の利益だけを見るのではなく、毎期安定的に利益を出しているかどうかを見るといいでしょう。

株式投資をしている方

株価は、会社の決算の結果だけでなく、さまざまな理由であがったりさがったりしますが、投資の期間が長くなるほど、会社の決算の結果が反映される傾向があります。

株式投資で重要なのは収益性と成長性です。収益性ではＲＯＥが重要な指標です。成長性を判断するためには、ＰＬで売上や利益の推移を見ることにくわえ、ＣＦで投資に十分なお金を使っているのかも、参考になるでしょう。

もし、株式投資をしたことがなければ、この本をきっかけに、小さい金額から株式投資をはじめてみてはいかがでしょうか。実際に株式投資をすると決算書への関心も高まる方が多いです。

営業担当者

代金を後日支払ってもらう取引をする場合は、取りはぐれないことが大切です。ＢＳを中心に安全性を確認しましょう。また、収益力が高ければ、安全性も高まっていきますので、収益力も高いにこしたことはありません。

会社が成長していれば、さらなる取引拡大も見込めるかもしれません。成長を加速できるような提案は喜ばれやすいでしょう。

減収減益であれば、取引は減ってしまうかもしれません。コストカットにつながるような提案が喜ばれるかもしれません。

銀行などの金融機関で働いている方

お金を貸すときに大切なのは安全性です。

赤字を出している会社や積極的に株主還元をしている会社は、純資産が少なくなっていることもありますので、気をつける必要があります。

また、ＣＦでは、フリーキャッシュフローがプラスであれば、返済原資があるということです。過度な投資をしていると、リスクが高くなる場合もあります。

成長している会社であれば、資金ニーズも増えるかもしれませんが、利益で借入金を返済して資金ニーズは減る可能性もあります。

この本をお読みいただいたことで、少しでも、決算書を身近に感じ、決算書を何かの役に立たせることができるのを願っております。

著者紹介

前田忠志 Tadashi Maeda

1971年生まれ。公認会計士。東京大学経済学部卒業。日本興業銀行（現みずほ銀行）にて融資業務、決算業務に従事。財務コンサルタントを経て独立し、M&A仲介会社を設立。約30年間にわたり、銀行員、コンサルタント、M&Aアドバイザーといった多面的な実務経験を通じて決算書を読み続け、決算書のエッセンスを見極める手法を確立した。脳と言葉の技術であるNLPにも精通しており、現在は、心と数字のわかるコンサルタントとして活躍している。著書に『脳と言葉を上手に使う NLPの教科書』（実務教育出版）などがある。

「会社《かいしゃ》の数字《すうじ》」がみるみるわかる！
決算書《けっさんしょ》のトリセツ

2021年12月15日　初版第１刷発行

著　者　前田忠志《まえだただし》
発行人　小山隆之
発行所　株式会社実務教育出版
〒163-8671　東京都新宿区新宿1-1-12
電話　03-3355-1812（編集）
03-3355-1951（販売）
振替　00160-0-78270
印刷・製本　図書印刷株式会社

ISBN978-4-7889-0827-2　C0034